요한복음 2

요한복음 7~13장

옥한흠 다락방 시리즈 **19**

소그룹 성경공부 교재

요한복음 2

요한복음 7~13장

옥한흠 지음

국제제자훈련원

교재 사용에 대하여

제자훈련의 열매는 훈련된 평신도 지도자들이 사역하는 소그룹(구역, 다락방, 셀, 목장)이라 할 수 있다. 소그룹이란 성도 간에 아름다운 사랑의 교제를 나누며, 말씀 안에서 영적으로 성숙해가도록 서로 돕고, 믿지 않는 사람들을 초청하여 복음을 나누는 작은 단위의 공동체이다. 소그룹은 하나님의 말씀에 기초한다. 그러므로 각자의 삶을 드러낼 수 있도록 돕고, 변화되어야 할 삶의 목표를 분명하게 제시할 수 있는 좋은 교재가 마련되면 효과적인 소그룹을 운영하는 데 큰 도움을 얻는다. 그러나 분주한 목회자의 입장에서는 직접 교재를 만든다는 것이 그리 쉬운 일이 아니다. 이런 어려움을 해결할 수 있도록 돕기 위해 마련된 것이 '옥한흠 다락방 시리즈'이다.

본 시리즈를 사용하는 데 있어 다음 몇 가지를 참고하기 바란다.

1. 이 교재는 소그룹에서 귀납적인 방법으로 성경을 공부하기 위해 만든 것이다. 즉, 성경의 가르침을 일방적으로 주입하는 대신 충분한 토의를 통해 구성원들의 생각을 먼저 정리하고 그것을 성경의 가르침과 비교하도록 구성되었다. 결코 해답 베껴 쓰기식의 공부가 되지 않도록 해야 한다. 서툴더라도 자기 인식과 활발한 토의 참여에 의한 생생한 결론이 나올 수 있도록 해야 한다. 따라서 지도자는 소그룹 환경에서 귀납적 방법으로 성경을 공부하는 것이 무엇인지를 반드시 먼저 배워야 한다.
2. 이 교재는 교역자가 매주 소그룹 지도자들을 먼저 예습시킨 다음 사용하게 해야 바람직한 효과를 기대할 수 있다. 소그룹 지도자가 공부할 내용을 충분히 이해해야 한다.
3. 소그룹에 참석하는 자들은 반드시 예습을 하도록 권장해야 한다.
4. 한 과를 공부하는 데에는 한 시간 이상이 필요하다. 그러므로 각 문제에 따라 답만 찾아보고 넘어가야 할 것과 충분한 토의를 통해 진지하게 적용할 것을 잘 구별해서 진행하는 것이 중요하다.

차례

예수께 반항하는 사람들

요한복음 7:1~52

 **마음의 문을 열며**

사람에게는 누구나 권위에 도전하고 싶어 하는 반항 의식이 있습니다. 이것은 일종의 본능적인 충동으로 자식이 부모에게 대들고, 제자가 스승에게 도전하고, 젊은이가 노인에게 맞서려는 것입니다. 왜 이런 반항 의식이 우리의 마음속에 자리 잡았을까요? 아마도 자기를 만드신 하나님의 권위에 도전하려다가 저주를 받은 우리 조상 아담이 후손에게 물려준 좋지 못한 유산이 아닌가 생각합니다. 어떤 사람들은 이러한 반항 의식을 미화시켜서 '위대한 사람은 반항하는 사람'이라고 말하기도 합니다. 카무스라는 사람은 "나는 반항한다. 그러므로 나는 존재한다"라고 말함으로써 반항심을 고상한 본능으로까지 높여서 이야기했습니다.

　그러나 솔직하게 말하면, 이러한 반항 의식은 매우 고약합니다. 역사적으로 볼 때 인간이 했던 가장 악랄한 반항은 자신을 하나님의 아들이라고 주장한 예수 그리스도에게 맞선 것이었습니다. 이 시간 우리는 그들의 면면을 살펴보려고 합니다.

1   예수님의 처지는 사면초가나 다름없었습니다. 그분을 없애 버려야 한 다는 분위기가 점점 무르익었습니다. 다음의 구절들을 살펴보면 그 분위기가 얼마나 살벌했는지 느낄 수 있을 것입니다.

  ○ 1, 19, 23, 25, 30, 32절/

2   예수님의 마음에 무거운 짐이 된 사람들 중에는 그분의 형제들도 끼 어 있습니다. 왜 그렇습니까?(참고/ 시편 69:8; 마태복음 13:55)

  ○ 5절/

3 　형제들은 초막절임에도 예루살렘으로 갈 생각을 하지 않으시는 예수님을 빈정거렸습니다. 3~4절의 내용을 다시 쓰면 이런 뜻입니다.

"형님, 세상을 구원하겠다는 사람이 집 안에만 묻혀 있어서야 되겠어요? 지금 예루살렘에는 전국에서 수많은 사람이 몰려들고 있어요. 이 기회를 왜 놓칩니까? 거기 가서 떡 다섯 덩이로 오천 명을 먹인 것과 같은 기적을 한 번 더 행해보세요. 그러면 인기가 당장 회복될 것이고 많은 사람이 형님 곁으로 다시 돌아올 거예요. 무얼 망설이세요? 넓은 무대에 가서 맘껏 능력을 발휘해봐요."

위의 글을 읽고 느낀 점을 말해 봅시다.

....

....

....

4 　당시 예수님의 형제들은 누구보다도 쉽게 그분을 믿을 수 있는 여건을 가지고 있었습니다. 그러나 그들은 믿지 않았습니다. 신앙적인 환경이 좋기 때문에 자동적으로 예수님을 잘 믿을 것이라는 생각은 착각입니다. 주변을 돌아봅시다. 얼마든지 잘 믿을 수 있는 환경에 있으면서도 그것을 큰 복으로 여기지 않고 오히려 종교적인 속박으로 여기는 자들이 있지 않습니까? 어떻게 해야 그런 사람들을 신앙의 길로 바르게 인도할 수 있을까요?

....

....

....

5 　예수님이 예루살렘에 올라가시자 유대인들은 학벌을 따지면서 그분을 무시하고 배척했습니다. 당시에는 '누구에게 배웠는가', '랍비 칭호

를 땄는가 못 땄는가가 중요했습니다. 이에 대해 예수님은 어떻게 대답하십니까?

○ 16~18절/

6 또 한편에서는 예수님의 출신에 대해 헐뜯었습니다. 그 내용을 살펴보십시오.

○ 27, 41~42, 52절/

7 예수님은 그들의 트집에 대해 어떻게 대답하십니까?

○ 28~29절/

8 학벌과 출신 때문에 믿기를 거부하고 반항한 자들을 향한 예수님의
대답을 당신은 의심치 않고 믿습니까?

....

....

....

9 왜 형제들이 예수님을 무시하고, 사람들은 그분의 학벌과 출신 때문
에 반항했을까요? 그 이유의 뿌리가 무엇이라고 생각합니까? 요한복
음 1장 14, 18절을 함께 읽고 생각해 봅시다.

....

....

....

....

....

 **삶의 열매를 거두며**

예수님을 믿기 싫어하는 자들은 어떤 구실을 내세워서라도 그분을 비판하고 반항하려 합니다. 우리 마음에도 아직 이런 반항의 불씨가 남아 있지 않은지 살펴봅시다. 만일 없다면 우리 마음을 믿음으로 채워 주신 하나님의 은혜에 감사합시다. 어떻게 감사하고 싶습니까?

Lesson 2

배에서 흘러나오는 생수의 강

요한복음 7:37~39

 마음의 문을 열며

본문에서 말하는 명절 끝날은 일주일 동안 계속되는 초막절의 마지막 날을 의미합니다. 이스라엘 백성은 예루살렘 성전에서 제사를 지내며 의식을 마무리하던 중이었습니다.

하얀 성복을 입은 제사장들은 성전에서 나와 언덕으로 뻗어 있는 돌길을 따라 실로암 못으로 가서는 황금으로 만든 물통에 물을 가득 채운 다음 다시 성전 제단 앞으로 올라옵니다. 제사장들은 제단을 일곱 번 돌면서 "여호와여 구하옵나니 이제 구원하소서 여호와여 우리가 구하옵나니 이제 형통하게 하소서"(시 118:25)라고 외치며 하나님 앞에 기도와 찬양을 드립니다. 그러고는 길어 온 물을 제단에 붓습니다.

주변에서 함께 예배드리며 그 의식을 지켜보던 모든 사람이 하나님을 찬양하면서 마지막 제사를 드렸습니다. 그때 군중 가운데서 외치는 큰 소리가 들렸습니다. 우리는 이 외침에 귀를 기울여야 할 것입니다.

말씀의 씨를 뿌리며

1 37~38절을 외우십시오. 그리고 이 말씀을 대할 때 어떤 생각이 떠오르는지 말해 봅시다.

....

....

....

....

2 사람은 누구나 목마름을 느낍니다. 이것은 아주 저주스러운 일이어서 세상에서는 그 무엇으로도 해갈되지 않습니다. 당신이 예수님을 믿기 전에 자주 느낀 목마름은 무엇입니까?(참고/ 전도서 5:10)

....

....

....

....

3 이런 목마름은 왜 생긴다고 생각합니까?(참고/ 로마서 1:28; 에베소서 2:3)

....

....

....

....

....

4 하나님께서 구약에서 약속하신 생수를 예수님이 주겠다고 하십니다. 생수는 무엇을 가리키며 어떻게 주신다는 말씀입니까?

○ 39절/

○ 요한복음 15:26/

5 누구든지 예수님을 믿기만 하면 심령 깊은 데서 생수의 강이 흘러 나와 다시는 목마름을 느끼지 않게 된다는 것이 그분의 약속입니다. 이 사실을 믿습니까? 그리고 "믿어보니 사실이다"라고 자신 있게 말할 수 있습니까?

6 우리는 성령이 항상 우리 안에 생수의 강처럼 흘러나오게 해야 합니다. 그래야 우리의 육체와 마음의 욕심이 일으키는 갈증을 느끼지 않게 됩니다. 다음의 세 가지를 실천합시다.

• 내 안에 성령이 계심을 믿으십시오.
• 성령의 음성에 순종하십시오.
• 성령의 충만을 사모하십시오.

7 위의 세 가지 중 단 하나라도 빠진다면 성령이 생수의 강처럼 흐르지 못할 것입니다. 당신에게 문제가 되는 것은 무엇이라고 생각합니까?

_____

_____

_____

8 다음 이야기를 읽고 무엇을 느낍니까?

탤런트 최수종 씨가 쓴 수기를 읽으면서 참 많이 공감했습니다. 집안이 부도가 나서 엉망이 되었을 때 그는 하나님을 원망했습니다. 그러나 어머니의 기도에 감동받은 후, 한번은 버스 터미널 의자에서 새우잠을 자면서도 하나님 앞에 이렇게 기도했답니다. "하나님, 나에게 돈을 주시고 이전의 생활을 다시 돌려주시면 주의 이름으로 가난한 자를 위해서 봉사하고 그들에게 내 것을 나누어 주는 삶을 살겠습니다."

그 후 그는 탤런트로서 일약 스타가 되었습니다. 그러나 그는 돈이 들어오고 명예를 얻으면서 하나님 앞에 드린 기도를 점점 잊어갔고, 가난한 자들에 대한 관심도 멀어졌습니다. 그는 이런 말을 했습니다.

"나를 알아주는 많은 사람, 그들의 사랑, 허기를 채울 수 있는 돈 등 무엇이나 원하는 것을 다 손에 넣을 수 있었습니다. 그러나 이상하리만치 만족이 없었습니다. 화려한 연예계 생활의 외양만큼이나 내면의 생활도 기쁘고 만족스러워야 하는데 도무지 만족할 수가 없었습니다. 명예와 돈을 향해 열심히 치달으면 치달을수록 마음속에 무엇인가 채워지지 않는 미진한 느낌을 떨칠 수 없었습니다. 술의 힘을 빌려 취할 때까지 마셨지만 그

것이 나의 갈증을 해소시켜주지 못했습니다. 그러던 어느 날 어머니가 기도하시는 모습을 보면서 드디어 정신을 차렸습니다. '아, 내가 하나님 앞에 가난한 자를 위해서 일하겠다고 기도했고, 그렇게 성령의 지시를 받았으면 순종해야 되는데 순종하지 못했구나.' 그걸 깨닫고는 드디어 생활 태도를 바꾸어서 가난한 자들에게 내 것을 나누어 주는 삶을 실천했습니다. 말씀에 순종하기로 결심하자 허전했던 내 마음은 기쁨으로 충만해졌습니다. 그제야 진정한 기쁨과 감사를 맛보고 삶의 목표를 갖게 되었습니다."

 삶의 열매를 거두며

생수의 강처럼 흐르는 성령의 충만을 유지하기 위해 이번 주에 꼭 실천해야 할 것 한두 가지를 적어 봅시다.

죄 없는 자가 돌로 치라

요한복음 7:53~8:11

 마음의 문을 열며

7장에서 바리새인들은 예수님을 잡아오기 위해 아랫사람들을 보냈지만, 체포하러 갔던 사람들은 예수님을 잡을 아무런 명분도 찾지 못하여 빈손으로 돌아왔습니다. 그렇다면 바리새인들은 양심의 가책을 받고 자신들의 지나친 행동을 부끄러워하면서 뒤로 물러서는 것이 마땅합니다. 그런데 8장을 보면 양심의 아픔을 느끼기는 고사하고 더 흉폭하고 음흉한 방법으로 예수님을 잡으려고 그물을 칩니다.

전날 밤에 예수님은 감람산으로 가서 지내시다가 아침이 되자 예루살렘 성전으로 다시 돌아오셨습니다. 아직 초막절이었습니다. 이른 아침이지만 많은 사람이 성전 마당에서 서성거리고 있었습니다. 예수님은 지금껏 하시던 것처럼 사람들을 모아놓고 말씀을 가르치셨습니다.

그때 바리새인들은 현장에서 간음하다 붙잡힌 여자를 끌고 와서 예수님 앞에 세웁니다. 겉으로는 예수님에게 자문을 구하고 굉장히 정당한 사건을 들고 나온 듯 보이지만, 이것은 어디까지나 예수님을 죽이기 위해서 유대 지도자들이 꾸민 음흉한 음모요 야비한 함정에 지나지 않습니다. 이 시간 우리는 함정에 빠지지 않으실 뿐만 아니라 너무나 감동적인 진리를 교훈하고 계신 예수님을 보게 될 것입니다.

말씀의 씨를 뿌리며

1 서기관들과 바리새인들은 성전에서 가르치고 계시던 예수님 앞에 간음하다 잡힌 여자를 끌고 와서 무엇을 시험합니까?

 ○ 3~5절/

2 이것은 예수님을 궁지에 몰아넣을 수 있는 대단히 간교한 시험이었습니다. 어떤 점에서 그렇습니까?(참고/ 신명기 22:22~24)

3 서기관들의 말을 들으신 예수님은 어떻게 반응하십니까?

 ○ 6~8절/

4 예수님이 땅에다 무슨 글을 쓰셨는지 우리는 알 수 없습니다. 괜한 추측으로 이런저런 말을 하는 것은 성경을 대하는 좋은 태도라 할 수 없습니다. 모른다는 것이 가장 정확한 답입니다. 한편, 죄 없는 자가 먼저 돌로 치라는 주님의 말씀은 굉장한 도전입니다. 만일 우리 중에 누군가 이런 말을 한다면 "너는 얼마나 깨끗해서 그래"라고 하며 야유를 퍼부을 것입니다. 그러나 예수님의 말씀을 들은 자들은 어느 누구도 그렇게 말하지 못했습니다. 왜 그런 반응이 일어났다고 생각합니까?
(참고/ 누가복음 4:32; 요한복음 14:9~10)

5 예수님의 말씀을 듣고 그분이 쓴 글을 읽은 사람들은 모두 얼어붙었습니다. 그리고 슬금슬금 도망쳤습니다. 이것은 아무리 악한 자라도 하나님의 말씀 앞에서는 아직 그 양심이 기능하고 있다는 것을 보여 줍니다. 다시 말해, 하나님 앞에서 자기 죄를 변명하지 못할 정도의 양심은 남아 있다는 것입니다. 그러므로 지금도 하나님의 말씀이 제대로만 들린다면 스탈린이나 가룟 유다 같은 사람의 양심도 되살아날 수 있습니다. 이 사실을 인정할 때 오늘날 교회가 감당해야 할 사명은 무엇이라고 생각합니까?(참고/ 사도행전 2:37)

6 주님은 혼자 남겨진 여자를 향해 뭐라고 말씀하십니까?

○ 10~11절/

_____

_____

_____

_____

7 다음 글을 읽고 자신의 생각을 말해 봅시다.

> 가끔 보면, 간음한 여자를 다루는 예수님의 이야기를 가지고 기독교의 핵심을 잘못 짚는 사람들이 있습니다. 그들은 기독교의 본질은 죄를 책망하는 것도 아니요, 사람들의 가슴을 칼로 찌르면서 회개하라고 소리치는 것도 아니라 바로 용서라고 합니다. 묻지 말고 용서하고 덮어두고 무조건 용서하는 것이 기독교의 본질이라고 말합니다.
>
> 미국의 지미 카터 대통령이 재직 시절 기자로부터 좀 짓궂은 질문을 받았습니다. "대통령은 마음에 여자를 두고 좋지 못한 생각을 한 일이 없습니까?" 그 질문에 카터는 순진하게도 "예, 저도 가끔 마음으로 음욕을 품고 간음을 범한 일이 있습니다"라고 대답했습니다. 이런 대답은 교회 내에서는 정직한 대답으로 인정받을 수 있을지 몰라도 호시탐탐 남의 약점을 찾아다니는 세상에서는 좋은 먹잇감이 될 뿐이었습니다. 결국 카터 대통령을 빈정대는 글들이 여기저기서 많이 나왔습니다.
>
> 존 업다이크라는 유명한 언론인이 한 말입니다. "마음에서 이렇게 끓어오르는 간음은 신경계의 즐거움이다. 이것은 마치 입 속에 있는 침처럼 자기도 모르게 솟아나는 어떤 욕망인데 이것

자체를 놓고 사악하다거나 죄가 된다고 생각하는 사고방식은 현대인의 귀에 너무나도 생소하다." 이것은 오늘날 성적인 문제에 가능한 관용을 베풀고, 또 이해하고 넘어가려는 풍조가 우리 사회에 만연하다는 사실을 보여줍니다.

언젠가 〈타임〉 커버스토리에서 "부정(不貞)은 유전적인 것일 수 있다"라는 제목으로 이 문제를 크게 다루었습니다. 이 기사의 요점은 인간이 마음으로든 행동으로든 간음을 범하는 것은 유전적으로 타고났기 때문이라는 내용이었습니다. 그래서 간음을 범해도 그것은 내 탓이 아니라 타고난 유전자 때문이기에 잘못을 누구 탓으로 돌릴 수 없다는 말입니다. 다시 말해 우리 몸이 유전적으로 그런 죄를 범할 수 있도록 프로그램화되어 있는데 그런 생각과 행동을 하는 것이 뭐가 문제냐는 말입니다. 서구의 많은 지성인과 젊은이들이 이런 사고에 젖어 있으며 어느덧 우리 사회에도 그런 풍조가 확산되고 있습니다.

8 다른 형제의 잘못을 탓하려다가 '나도 똑같은 사람인데'라고 하는 내면의 음성에 놀라 말을 삼갔던 경험이 있다면 이야기해 봅시다.

9 반 년이 지나면 십자가의 죽음을 당하게 되실 예수님은 그 죽음을 생각하며 "나도 너를 정죄하지 아니하노라"고 하셨습니다. 그 말씀 속에는 다음과 같은 의미가 담겨 있다고 생각됩니다. "여자여, 네가 범한 죄는 절대 용서 받을 수 없는 악이다. 하나님께서는 너와 같은 사람을 돌로 쳐서 죽이라고 하셨다. 그러나 내가 너를 대신해서 돌에 맞으마. 내가 너의 죄를 짊어지고 죽으마. 그러니 딸아 안심하라. 내가 너를 용서하노라. 하나님도 용서하신다." 당신은 이러한 음성을 들어 보았습니까? 그중에서 가장 은혜로웠던 경험을 이야기해 봅시다.

---

10 하나님의 용서는 무한한 용서입니다. 그러나 조건적인 무한의 용서입니다. 우리는 "가서 다시는 죄를 범하지 말라"는 경고 속에서 그 조건이 무엇인지 알 수 있습니다. 하나님 안에서 순종을 포기한 자를 위한 용서는 있을 수 없습니다. 다음의 말씀을 깊이 묵상하십시오.

○ 요한일서 3:3~6

 **삶의 열매를 거두며**

성범죄에 빠지는 사람들의 수가 걷잡을 수 없을 만큼 폭등하고 있습니다. 이런 추세와 함께, 성범죄를 예전처럼 심각한 죄로 보지 않는 사람들도 늘고 있습니다. 그뿐만 아니라 회개하면 언제든지 용서받을 수 있다는 은혜의 복음을 악용하여 죄를 짓는 데 대담한 자들도 있습니다. 이런 세상에서 교회는 어떻게 해야 할까요? 또한 그들을 어떻게 지도해야 할까요?

Lesson 4

세상의 빛 예수

요한복음 8:12~30

 **마음의 문을 열며**

예수님은 사람의 몸을 입고 이 세상에 오셔서 모든 사람에게 "보라 나는 세상의 빛이라"고 선언하셨습니다. 얼마나 오랫동안 인류가 사모하던 음성이었는지 모릅니다. 예수님은 자기 자신에 대해서 위대하고 장엄한 주제를 가지고 계십니다. "나는 생명의 떡이다. 나는 세상의 빛이다. 나는 진리다. 나는 선한 목자다." 이 위대하고 장엄한 주제를 갖고 계시는 이유는 자신이 하나님이시고 하나님의 영광이 자신에게 충만하시기 때문입니다. 오직 예수님만이 하실 수 있는 선언이요 예수님만이 들려주실 수 있는 위대한 주제입니다. 약점이나 한계나 모순을 안고 있는 인간은 아무리 성자라 할지라도 "나는 빛이다. 나는 생명이다"라는 말은 하지 못했고, 앞으로도 할 수 없습니다.

이 시간 말씀을 통해 우리 각자가 생명의 빛 되신 예수 그리스도로 충만해지고, 그분이 불러일으켜 주시는 생명의 환희를 가지고 새롭게 이 세상을 살아갑시다.

 **말씀의 씨를 뿌리며**

1 예수님이 하신 위대한 자기 선언의 내용은 무엇입니까?(참고/ 요한복음 6:51, 10:11, 11:25)

   ○ 12절/

   _____

   _____

   _____

   _____

   _____

   _____

   _____

2 바리새인들은 예수님이 진정 누구신가에 대해 철저히 그리고 의도적으로 눈을 감아 버렸습니다. 그들이 한 말을 통해 그들의 영적 무지를 살펴보십시오.

   ○ 19절/

   _____

   ○ 22절/

   _____

   ○ 25절/

   _____

   ○ 27절/

   _____

3 그때나 지금이나 예수님의 말씀을 깨닫지 못하고 영적 무지 가운데 사는 사람들이 많습니다. 당신은 모든 말씀을 가감 없이 진심으로 믿습니까? 간혹 몇몇 말씀에 반발감이 생겨서 바리새인들처럼 걸려 넘어진 적은 없습니까?

4 예수님은 논쟁의 대상이 되실 수 없습니다. 예수님이 빛이라는 사실은 사람들이 동의해서 인정 받을 수 있는 것이 아닙니다. 그분이 하나님이시라는 사실 때문에 주장할 수 있는 진리입니다. 이에 대해 주님은 뭐라고 말씀하십니까?

○ 16절/

○ 18절/

○ 23절/

○ 29절/

5 세상의 빛 되신 예수님에게 우리가 보여야 할 반응은 무엇입니까? 그리고 그것을 위해 치러야 할 대가는 무엇입니까?

○ 12절/

_____

_____

○ 마가복음 8:34/

_____

_____

6 예수님을 따르는 자들과 불신하는 자들이 도달하게 될 서로 다른 인생의 결말은 무엇입니까?

○ 12절/

_____

_____

○ 24절/

_____

_____

7 당신은 지금 걸어가고 있는 그 길이 생명으로 인도한다는 확신이 있습니까? 그런 확신을 가지는 근거는 무엇입니까?

_____

_____

_____

_____

8 다음 글을 읽고 깨달은 것을 나누어 봅시다.

'빌리 그레이엄 복음전도협회'에서 발행하는 잡지 〈디시전 *Decision*〉에 실린 실화를 소개합니다. 캘리포니아에 있는 작은 마을 벤추라에 한 가정이 이사를 왔습니다. 그 가정의 두 자녀는 모두 앞을 볼 수 없는 시각장애인이었습니다. 그래서 그 무엇보다 두 아이에게 길을 가르쳐 주는 것이 급했습니다. 어머니는 매일 아침 두 아이와 함께 학교에 가면서 아주 작은 부분까지도 일일이 설명했습니다. "애야, 여기는 철조망이 있어. 조심해야 돼. 이쪽에서는 길이 굽어져 있단다. 여기는 길이 두 개나 있는데 오른쪽은 차도니까 조심해야 돼." 그렇게 여러 날 동안 아이들에게 학교 가는 법을 가르쳤습니다. 얼마 후에 아이들은 엄마가 더 이상 따라가지 않아도 학교를 갈 수 있을 정도가 되었습니다. 그런데 어렴풋이나마 앞을 볼 수 있었던 아들 다니엘은 엄마가 하는 말을 소홀히 여기고 앞서 걸어갔습니다. 그러나 딸아이 게일은 엄마가 하는 말을 마음 깊이 새겼습니다. 앞을 전혀 보지 못하는 게일에게는 엄마의 말이 생명이요 빛이었기 때문입니다. 그래서 엄마가 자세하게 가르쳐 준 것을 마음에 담아 그 말대로 길을 걸으며 학교를 다녔습니다.

얼마 동안 두 아이가 학교를 잘 다녔는데 어느 날 아침 갑자기 짙은 안개가 마을을 덮었습니다. 그러자 약간의 시력으로 그동안 자신만만하게 걸어갔던 다니엘은 짙은 안개 속에서 조금도 앞으로 나갈 수 없었습니다. 보도블록에 걸려 넘어지기도 하고 담장에 부딪힐 때마다 비명을 지르다가 나중에는 누나의 손을 꼭 잡고 따라갔습니다. 그러나 전혀 못 보는 게일은 안개가 끼든 햇빛이 나든 아무 상관이 없었습니다. 엄마가 가르쳐 준 대로만 발을 옮겨놓으면 되었으니까요. 안개가 끼었지만 게일에게는 여전히 길이 환히 열려 있었습니다. 눈은 감았지만 게일의 마음은 활짝 열려 있었던 것입니다. 그러므로 안개도 아무런 문제가 안 되었습니다.

사람들은 다니엘처럼 앞을 조금 본다는 사실에 엉뚱한 자신감을 안고 길을 걸어갑니다. 그러나 그러다가 어떤 일이 일어납니까? 갑자기 폭풍이 몰아치고 안개가 덮쳐오면 어디로 가야 할지 몰라 속수무책이 되고 맙니다. 어린 게일이 엄마를 인정하여 그 말을 꼭 마음에 담고 길을 걸었을 때 안개가 그의 길을 막을 수 없었듯이, 하나님을 인정하여 그 말씀을 마음에 담고 인생의 길을 걸어가면 헤맬 필요가 없습니다.

 ## 삶의 열매를 거두며

생명의 빛이신 예수님을 마음에 모시고 따라가는 사람은 이 세상 누구보다도 밝고 힘 있게 살아가는 생명의 능력을 체험하게 됩니다. 우리 주변에는 여전히 삶에 지친 자, 병고에 시달리는 자, 자녀 문제로 고민하는 자, 절망 가운데 허덕이는 자 등 생명의 빛이 절실하게 필요한 자들이 너무나 많습니다. 그들에게 당신이 누리고 있는 생명의 능력을 전달할 수 있는 구체적인 방법을 찾아보십시오.

Lesson 5

거짓 믿음이란 이런 것이다

요한복음 8:31~59

마음의 문을 열며

초막절을 맞아 유대인들이 원근 각처에서 예루살렘으로 모여들었습니다. 이들 가운데 성전에서 가르치시는 예수님의 말씀을 듣고 그분을 믿는다고 고백하는 사람들이 많이 생겨났습니다. 당시 배경에 비추어보면 이는 참으로 놀라운 말씀입니다. 지금 예루살렘은 예수님을 믿겠다는 말을 쉽게 할 수 있는 분위기가 아니었기 때문입니다. 유대인들은 누구든지 예수님을 그리스도로 시인하면 이유 여하를 막론하고 출교하기로 이미 결의한 상황이었습니다(요 9:22).

그런데 예수님은 자신을 그리스도로 믿겠다고 말하는 유대인들에게 이렇게 말씀하십니다. "… 너희가 내 말에 거하면 참으로 내 제자가 되고 진리를 알지니 진리가 너희를 자유롭게 하리라"(31~32절). 입으로는 예수님을 믿는다고 고백하지만 그들의 믿음이 순수하고 진실하지 않음을 예수님은 아셨습니다. 믿는다고 고백은 하지만 실상은 심각한 문제가 있음을 간파하셨습니다.

이 시간 우리 각 사람의 믿음을 말씀에 투영시켜 불순물들을 제거하고 참된 믿음을 소유하도록 합시다. 또한 믿음을 선물로 주신 하나님의 은혜에 감사를 드립시다.

말씀의 씨를 뿌리며

1 예수님은 자신을 그리스도로 믿겠다고 하는 유대인들을 향해 뭐라고 말씀하십니까?

○ 31~32절/

2 "내 말에 거하면 참으로 내 제자가 되고"라는 말씀의 의미를 생각해 봅시다(참고/ 마태복음 28:19~20).

3 "진리가 너희를 자유롭게 하리라"는 말씀의 의미는 무엇일까요?
(참고/ 36절; 로마서 8:2; 갈라디아서 5:1)

4 예수님의 말씀을 들은 유대인들의 반응을 보면 그들이 믿는다고 한 것이 거짓임을 알 수 있습니다. 거짓 믿음은 구원이 얼마나 절실한 것인지 잘 알지 못하기 때문입니다. 무엇을 근거로 이렇게 말할 수 있습니까?

○ 33~36절/

---

5 또한 거짓 믿음은 예수님이 하나님 되심을 믿지 못합니다. 다음 구절을 검토하십시오.

○ 48~50절/

○ 57~59절/

---

6 다음 글을 읽고 느낀 바를 나누어 봅시다.

1988년에 기독교 출판사인 하베스트하우스에서 《설교단의 약탈자 *Predators in Our Pulpits*》라는 이상한 제목을 붙인 책을 광고하면서 이런 내용을 실었습니다. "일단의 목사 그룹을 설문 조사한 결과 그 가운데 60퍼센트가 예수님이 동정녀 마리아에게서 탄생하셨다는 사실을 믿지 않았다." 예수님이 처녀의 몸에서 탄생하셨음을 믿지 않는 것은 곧 예수님이 하나님이심을 부정한다는 이야기입니다. 또 어느 교단에 가서 조사를 했더니 35퍼센트의 목사들이 예수님이 육체로 부활하심을 믿지 않았다고 합니다. 예수님이 육체로 부활하신 것을 안 믿는 것은 예수님이 하나님이 아니라고 선언하는 것과 같습니다. 또 어느 교단에 가서 설문 조사를 했더니 82퍼센트, 심지어 어떤 그룹에서는 95퍼센트의 목사들이 성경이 하나님의 말씀임을 믿지 않는다는 결과가 나왔습니다.

이 광고를 낸 필립 켈러는 이렇게 결론을 내렸습니다. "오늘날 예수 그리스도 교회의 가장 큰 위협은 외부로부터가 아니라, 내부에 있는 교회 지도자들에게서 온다." 예수님이 하나님의 아들이심을 믿지 않는 지도자들이 많다는 이야기입니다.

7 거짓 믿음을 가진 사람은 구원받을 소망이 없습니다. 그러나 예수님은 그들로 인해 낙심하지 않으심을 볼 수 있습니다. 요한복음 8장 28절을 통해 이 사실을 설명해 보십시오.

8 우리는 지금 당장 믿지 않는 자들이나 거짓 믿음을 가지고 교회를 다니는 자들을 볼 때 함부로 말해선 안 됩니다. 거짓 믿음이 일시적인 문제는 되더라도 평생의 문제가 되지 않을 자들이 얼마든지 있기 때문입니다. 이 사실에 대해 당신은 공감할 수 있습니까?

우리의 본성을 보면 우리는 믿음을 갖는 것이 100퍼센트 불가능한 사람들입니다. 우리의 악한 심성으로는 예수님이 하나님의 아들이심을 믿는 것과 하나님의 말씀을 진리로 받는 것, 그리고 스스로 죄인임을 고백하고 눈물 흘리는 것이 불가능합니다. 그렇기에 믿음을 가지게 된 이 기적 같은 은혜를 생각하면 감사하지 않을 수 없습니다. 다음의 말씀을 묵상해 봅시다. 그리고 뜨거운 마음으로 찬송가 "아 하나님의 은혜로"를 함께 부릅시다.

- 에베소서 2:8~9/

영의 눈을 멀게 하는 것들

요한복음 9:1~41

 **마음의 문을 열며**

요한복음 9장은 예수님이 날 때부터 맹인 된 사람을 고쳐 주시는 매우 감격스러운 이야기로 시작합니다. 그러나 이후에 전개되는 내용은 이상하게도 살기가 서려 있고 숨 막히는 이야기뿐입니다. 태어나서 한 번도 눈을 뜨고 본 일이 없는 사람을 주님이 고쳐 주셨다면 축제 분위기가 되어야 마땅할 텐데, 9장에서 오가는 대화들을 보면 살벌하기 짝이 없습니다. 도대체 그 이유가 무엇일까요? 여기 등장하는 수많은 사람의 영의 눈이 감겨 있기 때문입니다.

이 시간 영적 시각장애를 가지고 있던 바리새인들의 모습을 통해 우리 자신의 모습을 철저하게 돌이켜 봅시다. 그리고 성령이 우리의 눈을 열어 말씀을 깨닫게 하심으로 영안이 밝아지고 새롭게 되길 바랍니다.

 **말씀의 씨를 뿌리며**

1 예수님과 제자들은 날 때부터 앞을 보지 못하는 사람의 옆을 지나가게 되었습니다. 그를 본 제자들은 예수님에게 뭐라고 말합니까?

○ 2절/

....

....

2 한편 예수님은 고통에 대하여 그 당시 사람들의 통념을 뒤집는 놀라운 말씀을 하십니다. 그 내용이 무엇입니까?

○ 3절/

....

....

3 당신은 예수님의 견해에 전적으로 동의합니까? 또한 고통당하는 자들을 볼 때도 그렇게 믿습니까?

....

....

....

....

4 예수님은 맹인을 통해 "하나님이 하시는 일을 나타내고자" 하시기 위해 그에게 어떻게 하십니까?

○ 6~7절/

....

....

....

....

5 4~5절을 잘 음미해 봅시다. 예수님은 세상을 밝히는 진리의 빛이십니다. 그렇기에 그분이 함께 계실 동안은 낮과 같습니다. 그 시간에는 하나님의 일을 할 수 있습니다. 당신은 지금 낮에 살고 있습니까? 그렇다면 하나님을 위해 어떤 일을 하고 있습니까?(참고/ 빌립보서 1:20)

6 맹인이 눈을 뜬 감격스러운 사건 앞에서 바리새인들은 도리어 그를 불러서 묻고 심지어는 그의 부모도 호출하여 실랑이를 벌입니다. 그들이 예수님을 헐뜯기 위해 문제삼은 것은 무엇입니까?

○ 14~16절/

7 예수님을 처음 만난 후 육신의 눈을 뜨게 된 맹인은 얼마 후 그분을 다시 만난 자리에서 영의 눈도 뜨게 됩니다. 그가 예수님을 부르는 호칭의 변화를 통해 이 사실을 확인해 봅시다(참고/ 11, 17, 38절).

8 예수님은 구원 얻는 믿음을 갖게 된 맹인에게 자신이 심판을 위해 왔음을 선언하십니다. 39절에 나오는 심판의 내용은 무엇을 의미합니까?(참고/ 로마서 11:8; 누가복음 8:10)

_____

_____

_____

_____

_____

9 예수님이 하나님의 아들이심을 믿지 못하는 자는 모두 영적 시각장애인입니다. 그러나 바리새인들은 이 사실을 인정하려고 하지 않았습니다. 예수님은 그런 그들을 보시며 뭐라고 말씀하십니까? 그 말씀의 의미를 생각해 봅시다.

○ 40~41절/

_____

_____

_____

10 다음 글을 읽고 느낀 점을 나누어 봅시다.

제2차 세계대전 때 독일에서 있었던 일입니다. 어떤 부인이 해산이 임박해서 산부인과에 입원했습니다. 분만 대기실 침상에 누워서 보니 벽에 예수님의 사진이 걸려 있었습니다. 그 부인은 간호사를 급히 불러서 이렇게 말했답니다.

"이봐요, 간호사. 벽에 있는 저 사진 너무 보기 싫어요. 저것 좀 안 보이는 데로 치워줘요." 그러자 간호사가 대답했습니다. "죄송합니다만 그것은 제 권한으로 할 수 없는 일입니다. 병원에서 결정해서 걸어놓은 것이기 때문에 저도 어쩔 수 없습니다." 부인은 화를 냈습니다. "세상에! 그럼 당신 윗사람 좀 오라고 해요." 잠시 뒤 수간호사가 왔습니다. 하지만 수간호사 역시 "저 역시 저 사진을 뗄 권한이 없어요"라고 답했습니다. "그래요? 우리 남편은 고급 장교예요. 며칠 후면 이 방에 올 텐데 분명 저 사진을 몹시 싫어할 거예요. 좋아요. 우리 남편이 오면 그때 병원 책임자하고 이야기해서 떼도록 하지요."

며칠 후 남편이 병원을 찾아왔습니다. 아니나 다를까 그는 벽에 걸린 사진을 보고 불같이 화를 냈습니다. 그는 씩씩거리며 그 병원 최고 책임자를 찾아가서 자기는 예수라는 유대인이 싫으니 그 사진을 빨리 치워달라고 말했습니다. 그렇게 한참 흥분해서 쏘아대는데 간호사에게 급한 전갈이 왔습니다. 부인이 드디어 사내아이를 낳았는데, 글쎄 아이가 앞을 볼 수 없는 시각장애인으로 태어났다는 것입니다. 그렇게 예수님 사진을 보기 싫어하고 아이가 태어나서 저 사진을 보아서는 안 된다고 난리를 피우더니 아예 그 사진을 영원히 보지 못하는 아이를 낳은 것입니다.

 **삶의 열매를 거두며**

우리는 세상을 살아가는 동안 좁은 길과 넓은 길, 진리와 비진리, 하나님의 뜻과 사람의 뜻, 선과 악, 본질과 형식 등 영적으로 분별해야 할 것들이 많습니다. 그러므로 바로 보는 눈, 이것이야말로 우리에게 구원을 가져다줄 뿐만 아니라 건강한 삶으로 이끄는 승리의 비결입니다. 우리는 이미 이 눈을 뜨고 있습니까? 이 사실 앞에 어떠한 감사가 있습니까?(참고/ 요한복음 1:9, 12~14, 8:12, 14:6)

양의 문 되신 예수

요한복음 10:1~10

 **마음의 문을 열며**

예수님이 요한복음 10장에서 말씀하신 비유는 당시 사람들에게 전혀 낯선 이야기가 아니었습니다. 목자들은 하루 종일 양에게 풀을 뜯기다가 해가 기울어 그림자가 길게 늘어질 때면 자기 양들을 몰고 공동우리로 옵니다. 형편이 넉넉한 사람은 개인 우리가 있기도 했지만 대부분의 목자들은 여러 가정이 공동으로 만든 우리에 양들을 둡니다. 목자들이 양 떼를 안으로 다 들이고 나면 그 문 옆에는 문지기가 있어 밤새도록 그 양들을 지킨다고 합니다.

그리고 다시 아침이 되면 목자들은 하나둘 나와서 문지기에게 확인을 받고 우리 안에 들어가 자기 양을 부릅니다. 자기 양들만 알아들을 수 있는 소리를 냅니다. 그러면 그를 자기 목자로 아는 양들은 전부 그 목자 앞으로 나온다고 합니다. 이제 목자가 문을 나와 초원을 향해 가면 그 목자의 양들만 우르르 따라 나갑니다.

예수님은 이 비유를 통해 자신만이 유일한 구원자이심을 보여 주십니다. 이 시간 그분이 어떻게 우리에게 양의 문이 되시는지 배우도록 합시다.

말씀의 씨를 뿌리며

1 양의 목자와 강도는 어떤 점에서 다릅니까?

○ 1~2절/

2 양의 문으로 들어가는 참된 목자는 양들에게 어떻게 합니까?

○ 3~4절/

3 예수님이 말씀하신 양의 문으로 들어가지 않는 절도와 강도는 누구입니까?(참고/ 마태복음 23:1~7)

4 양은 자기 목자의 음성을 정확히 분별하여 그만 따릅니다. 당신은 매일의 삶 속에서 목자 되신 예수님의 음성을 잘 듣고 따라가고 있습니까? 삶의 모든 결정권을 그분께 드릴 만큼 철저히 의지하고 있습니까?

5 예수님은 자신이 양의 문이라고 하십니다. 이 말의 의미가 무엇일까요? (참고/ 요한복음 14:6; 히브리서 7:24~25)

○ 7~9절/

6 우리에게는 타협할 수 없는 진리가 있습니다. 다음 글을 읽고 느낀 점을 나누어 봅시다.

예수님의 동생 야고보는 예루살렘 교회의 훌륭한 장로였습니다. 전해 오는 이야기에 따르면, 그는 유대 당국자들에게 체포되어서 재판을 받을 때 이런 질문을 받았다고 합니다. "예수님이 자기를 '양의 문'이라고 했는데 그게 무슨 뜻인가? 솔직하게 말하라." 이에 그는 마치 기다렸다는 듯이 이렇게 대답했다고 합니다. "예수님만이 우리의 구원자라는 뜻이다." 그러자 그들은 "이 못된 놈, 참람하고 건방진 놈" 하면서 야고보를 끌어다가 높은 벼랑에서 아래로 밀어버렸습니다. 야고보는 그렇게 순교를 당했습니다. '예수님만이 우리의 구원자'라는 사실은 순교를 당할지라도 절대로 굽혀서는 안 될 진리임을 명심하기 바랍니다.

7 자기 이익을 취하기에만 급급했던 유대 지도자들과는 달리, 예수님은 양들을 위해 오셨습니다. 10절을 읽고 예수님이 오신 목적을 살펴봅시다.

8 "생명을 얻게 하고 더 풍성히 얻게 한다"는 말씀의 의미를 생각해 봅시다. 당신은 이러한 생명의 풍성함을 알고 있습니까?(참고/ 요한복음 1:16; 로마서 5:17; 에베소서 2:7)

○ 10절/

삶의 열매를 거두며

사람들은 예수님만이 구원에 이르는 문이라고 주장하는 자를 향해 독선주의자라고 비난합니다. 그리고 교회에 가고 싶어도 이 독선이 싫어서 안 간다고 합니다. 이와 같은 이야기를 하는 사람을 만난다면 당신은 어떻게 하겠습니까?

나는 선한 목자라

요한복음 10:11~29

 마음의 문을 열며

어떤 인물을 알고자 할 때 가장 먼저 "그는 누구인가" 하고 질문을 던집니다. 그 사람의 신분을 알기 위해 꼭 필요한 질문이지요.

그러나 사람을 바로 알려면 이 질문만으로는 부족합니다. '그가 누구인가'라는 질문과 함께 반드시 물어야 할 질문이 또 하나 있습니다. '그가 어떤 사람인가'입니다. 즉 그 사람의 교양이나 인품, 성격 등과 같은 인물의 됨됨이가 어떠한가를 묻는 것이지요. '그가 누구인가'보다 '그가 어떤 사람인가'가 더 중요하다고 볼 수 있습니다.

본문에서 예수님은 자신이 어떤 분인지를 그림 그리듯 자세하게 말씀해 주십니다. 이 시간 예수님이 선한 목자가 되신다는 사실을 머리가 아닌 마음으로 받아서 폭포수같이 쏟아지는 은혜의 자리에 서게 되길 바랍니다.

 **말씀의 씨를 뿌리며**

1 예수님은 자신을 누구라고 말씀하십니까? 또한 이스라엘의 목자에 대해 아는 대로 이야기해 봅시다.

○ 11절/

○ 14절/

2 예수님이 자신을 선한 목자라고 하시며 더불어 암시하신 악한 목자는 누구를 가리키는 것일까요? 그리고 그들이 왜 악하다고 하십니까?

○ 12절/

3 예수님의 죽음에서 볼 수 있는 독특한 점이 무엇인지 11, 15, 17, 18 절에서 반복적으로 나오는 말씀을 중심으로 생각해 봅시다. 당신은 그 사실을 어떤 심정으로 받아들이고 있습니까?

4 다음 글을 읽고 느낀 바를 나누어 봅시다.

헨리 나우웬이라는 학자가 있습니다. 그는 심리학자요, 신학자입니다. 오랫동안 노트르담 대학과 예일 대학, 하버드 대학에서 교수로 지냈으며, 매년 무게 있는 책을 한 권씩 써낼 정도로 부지런한 학자였습니다. 그는 1996년에 세상을 떠났는데, 세상을 떠나기 전 마지막 10년을 '데이 브레이크 *Day Break*'라는 캐나다의 정신지체장애인 수용 기관에서 봉사하면서 보냈습니다. 그가 끝까지 맡아서 돌보던 장애인은 스물다섯 살 먹은 청년 아담이었습니다. 아담은 육체적, 정신적 장애가 있는 중증장애인으로 말도 못하고, 걷지도 못했습니다.

그러나 나우웬 박사는 그런 것에 전혀 개의치 않고 매일 아침 일어나면 그의 얼굴을 씻기고, 이를 닦아주고, 면도도 해주고, 머리도 빗겨주고, 옷도 입혀 주었습니다. 그리고 식사 시간에는 제 맘대로 움직이는 그의 손을 꼭 붙들고 음식을 입으로 가져갈 수 있도록 도와 주었습니다. 이렇게 하는 데만도 두 시간 이상 걸렸습니다.

한번은 나우웬 박사가 이렇게 말했다고 합니다. "내가 여기 와서 이 젊은이를 돕는 것은 그를 위해 무엇을 하는 게 아니라 나를 위해 하는 것입니다. 오히려 내가 많은 유익을 얻고 있습니다. 아담을 통해서 진정으로 사랑한다는 것이 무엇인가를 알 수 있고, 어떻게 하면 사랑할 수 있는가를 배우며, 또 영적으로 심한 장애를 안고 있는 우리들을 하나님께서 어떻게 사랑하시는지도 조금이나마 깨달았습니다. 그래서 이 일을 하고 있습니다."

아담이라는 청년을 보십시오. 자기를 위해서 아침저녁으로 수고하는 분이 세계적인 학자라는 것을 압니까? 모릅니다. 아무리 정성을 쏟아줘도 고마운 줄을 모릅니다. 그가 할 줄 아는 유일한 일이라고는 자기 기분에 안 맞으면 괴상한 소리를 지르며 발작하는 것뿐입니다.

　하나님 앞에서 오늘 우리의 모습 역시 그와 별반 다르지 않습니다. 예수님이 "나는 선한 목자라. 선한 목자는 양들을 위하여 목숨을 버리노라. 내가 내 생명보다도 너를 더 사랑한다. 그래서 내가 죽었노라. 그리고 지금도 나는 너를 사랑하노라"라고 말씀하셔도 우리는 별로 감동을 받지 못합니다. 하나님께서 왜 그렇게 나를 사랑하셔야 하는지도 잘 모릅니다. 그만큼 우리는 영적으로 심각한 장애가 있습니다.

5 목자와 양의 관계는 특별하다고 합니다. 양들은 신기하게도 자기 목자의 음성을 알아서 다른 목자의 유인에 넘어가 따라가는 일이 절대로 없다고 합니다. 예수님은 그분과 우리의 관계가 이와 같다고 말씀하십니다. 14~15절을 가지고 이 사실을 정리해 보십시오(참고/ 요한일서 2:20~21, 4:6).

6 예수님은 '다른 양'을 걱정하십니다. 그렇다면 다른 양은 누구입니까? 그리고 왜 그들에 대해 깊은 관심을 가지시는 걸까요?(참고/ 디모데전서 2:4)

○ 16절/

7 이 시기는 주전 165년 경 유다의 마카비가 전쟁을 일으켜 로마로부터 성전을 재탈환하고 더럽혀진 성전을 청결케 하여 수리한 것을 기념하는 수전절이었습니다(22절). 이때 모인 유대인들은 예수님을 어떻게 봅니까? 그리고 그들이 가진 의구심은 무엇입니까?

○ 20절/

○ 24절/

8 하나님께서는 예수님을 믿는 자들에게 세 가지 선물을 주십니다. 그것이 무엇입니까?

○ 27~29절/

9 당신은 28~29절에 근거하여 구원의 확신을 가질 수 있어야 합니다.
그 이유는 무엇입니까?

....

....

....

....

 **삶의 열매를 거두며**

우리는 가끔 나를 알아주는 사람이 없다는 생각이 들 때 고독감을 느낍니다. 이것
은 부모 자식 사이나 부부 사이뿐 아니라 모든 관계에서 경험하는 것입니다. 그래
서 현대인을 가리켜 애정결핍증 환자라고 부르기도 합니다. 이런 문제를 위한 가
장 좋은 치료책은 예수님밖에 없습니다. 자신의 경험을 가지고 그 이유를 말해 봅
시다(참고/ 요한복음 10:14~15; 히브리서 2:18, 4:15).

변론하시는 예수님

요한복음 10:30~42

 ## 마음의 문을 열며

수많은 유대인이 수전절에 예루살렘 성전으로 왔다가 예수님의 말씀을 들었지만,
그들 대부분은 질이 좋지 못한 자들이었습니다. 예수님의 말꼬리를 잡고 트집을
잡는가 하면, 돌을 들어 예수님을 치려고 했습니다. 그러나 예수님은 폭도 같은 그
들을 사랑하는 마음으로, 너무나 소중한 말씀을 하셨습니다. 그 가운데는 그분이
하나님 되심을 증거하는 내용도 있었습니다. 그리고 겉으로 보기엔 믿을 자가 하
나도 없을 것 같았지만 사실은 그렇지 않았습니다. 쭉정이 속에 알곡이 들어 있었
습니다.

말씀의 씨를 뿌리며

1 예수님은 자신을 대적하는 유대인들을 향해 매우 중요한 말씀을 하십니다. 30절을 보십시오.

···

···

2 예수님의 말씀을 듣고 흥분한 유대인들은 어떤 행동을 보입니까?
(참고/ 요한복음 8:58~59)

  ○ 31절/ ···

···

···

···

···

3 유대인들은 예수님의 말씀이 신성모독이라고 합니다. 왜 그렇게 생각했을까요?(참고/ 마태복음 26:65; 누가복음 5:21)

···

···

···

···

···

4 예수님은 그들의 위협적인 태도에 아랑곳하지 않으시고 완벽한 논리로 그들의 입을 막으십니다. 예수님이 인용하신 시편 82편 6절을 참고하여 변론의 내용을 정리해 보십시오.

○ 34~36절/

5 누군가 자신을 하나님의 아들이라고 한다면 그것은 그 자신이 '신', 즉 '하나님'이라고 말하는 것입니다. 이 사실을 우리에게 적용한다면 어떻게 될까요? 우리도 하나님의 아들이 아닌가요?(참고/ 로마서 8:9)

6 예수님은 자신을 반대하는 자들을 향해 자신이 믿어지지 않는다면 자기가 행한 이적이라도 믿으라고 말씀하십니다. 그 이유는 무엇입니까?

○ 37~38절/

7   예수님은 믿을 수 없지만 그분이 행하신 이적은 믿을 수 있다고 말하는 사람이 우리 주변에 있다면 어떻게 하는 것이 좋겠습니까? 괜찮다고 하겠습니까? 아니면 잘못된 생각이라고 하겠습니까?

8   예수님의 말씀을 듣던 유대인들은 분노하여 그분을 잡으려고 했습니다. 그러자 예수님은 그들을 피하여 어디로 가십니까? 그리고 그곳에 대해 생각나는 사실이 있다면 이야기해 봅시다(참고/ 마태복음 3:13~17).

○ 39~40절/

9 요단강 저편 요한이 처음으로 세례를 베풀던 곳은 베레아 지방입니다. 그곳은 헤롯 안디바의 통치 영역이었기에 예루살렘의 지도자들이 아무런 권력을 행사할 수 없었고, 세례 요한의 증거가 계속해서 영향력을 미치고 있었기에 비교적 안전한 곳이었습니다. 많은 사람이 그곳까지 쫓아가 예수님을 집요하게 따른 데에는 다른 점이 있었습니다. 그것이 무엇입니까?

○ 41~42절/

 **삶의 열매를 거두며**

우리 주변에는 예수님을 믿고 싶어도 한두 가지 의문점이 남아 있어서 믿지 못하고 방황하는 자들이 많습니다. 우리는 그들을 포기하지 말고 예수님 앞으로 부지런히 인도해야 합니다. 그러면 반드시 믿게 되는 기적이 일어날 것입니다. 그들은 요단 건너편 지방까지 예수님을 쫓아간 유대인들과 같아서, 돌을 들어 예수님을 치려고 한 자들과는 질적으로 다릅니다. 누가 양질의 마음을 가지고 있는지 예민하게 찾아 인도하는 것은 매우 지혜로운 전도 방법입니다. 지금 생각나는 사람이 있습니까? 그 사람에 대해 소개한 후 함께 기도해 줍시다.

예수님의 사랑이 의심스러울 때

요한복음 11:1~16

 **마음의 문을 열며**

어느 날 갑자기 나사로의 가정에 먹구름이 드리웠습니다. 집안의 기둥이요, 두 여동생이 하늘처럼 믿고 있던 오빠 나사로가 병석에 누운 것입니다. 그 후 며칠이 되지 않아 병세는 점점 위독하게 되어 생사의 기로에 설 만큼 숨 가쁜 상황이 되어 버렸습니다. 그의 누이동생들은 급하게 사람을 보내 예수님에게 사랑하는 자가 병들었다고 전했습니다. 그러고는 애타게 기다렸지만 웬일인지 예수님은 시간을 지체하고 계셨습니다. 결국은 오빠가 숨을 거두고 말았습니다. 두 자매가 할 수 없이 손수 장례를 치렀지만 그때도 예수님은 오시지 않았습니다. 하늘이 무너지는 것 같은 절망에 빠져 그들은 거의 날마다 통곡을 하며 보낼 수밖에 없었습니다.

우리에게도 주님의 사랑을 의심할 수 있는 신앙의 위기가 언제든지 찾아올 수 있습니다. 이 시간 우리 모두가 말씀을 통해 고통의 배후에 담긴 하나님의 선하고 놀라운 뜻을 발견하게 되길 바랍니다.

말씀의 씨를 뿌리며

1 다음의 구절들을 통해 나사로에 관한 몇 가지 사실을 정리해 봅시다.

  ○ 1~3절/

  ○ 11절/

2 이러한 사실들로 미루어 볼 때 예수님과 나사로의 집안은 어떤 관계
였다고 짐작할 수 있습니까?(참고/ 누가복음 10:38~42)

  ○ 5절/

3 모든 죄인을 사랑하기 위해 세상에 오신 예수님이 마치 편애라도 하시듯 나사로와 그 누이들을 별스럽게 사랑하셨다는 사실에 대해 어떻게 생각합니까? 이를 통해 예수님의 어떤 면을 엿볼 수 있습니까? (참고/ 요한복음 13:23)

4 예수님이 남달리 사랑하시던 나사로도 병이 나서 결국 죽고 말았습니다. 우리는 하나님의 특별한 사랑을 받는 사람에게는 이런 고통이 찾아오지 않는다고 믿곤 합니다. 이 점에 대한 당신의 생각을 말해 보십시오.

5 예수님은 나사로의 죽음을 어떻게 보십니까? 또한 그 말씀의 의미가 무엇이라고 생각합니까?(참고/ 요한복음 11:40~45)

○ 4절/

6 예수님은 나사로가 병들었다는 소식을 들으신 후 어떻게 하십니까?

　○ 6~7절/

7 영국의 유명한 설교자 알렉산더 맥클라렌은 "나사로의 식구들에게는 예수님의 더디 오심이 사랑의 지연이었다. 사랑하기 때문에 지연하셨다"라고 했습니다. 어떤 점에서 이 말이 옳다고 할 수 있습니까?

　○ 14~15절/

8 예수님이 며칠이 지난 후에 나타나신 것은 마리아와 마르다에게 있어서 응답이 전혀 없는 것과 흡사했습니다. 왜냐하면 일이 일어난 후에 오셨기 때문입니다. 당신이라면 이런 경우에 어떻게 하겠습니까?

9 다음 글을 읽고 느낀 점을 나누어 봅시다.

사랑의교회 신문에 실렸던 어느 형제의 이야기를 소개하겠습니다. 이 본문의 의미와 상통하고, 또 기다림을 통해 좋은 것을 주시는 하나님에 관한 좋은 예증이 되리라 믿습니다.

한 대학생이 있었습니다. 그는 믿음이 굉장히 좋았을 뿐 아니라 꿈도 많았고 머리도 좋았습니다. 그런데 대학을 졸업할 즈음 몸에 갑자기 이상이 생겼습니다. 온몸에 기운이 빠지고 모든 일에 의욕을 잃어가는 병이었습니다. 이 병원, 저 병원을 다니며 진찰을 받았습니다. 정확한 병명을 찾아내지 못하다가 나중에야 밝혀졌는데, '근육무력증'이라는 무서운 병이었습니다. 이 병은 갈수록 근육에서 힘이 빠져서 나중에는 드러누워 말라죽는 병이었습니다.

나중에는 연필 들 힘조차 없을 정도로 악화되었습니다. 자연히 방 안에 틀어박혀 누워 있는 시간이 많아졌습니다. 그는 하나님께 고쳐달라고 간절히 기도했습니다. 그러나 하나님은 입을 다무신 채 가만히 계시는 것 같았습니다. 1년이 지나고, 2년이 지나고, 3년이 지나도록 아무런 소식이 없었습니다.

투병 기간에 그에게는 새로운 취미가 생겼습니다. 조금이라도 기운이 날 때면 기를 쓰고 책을 읽기도 하고, 신문에서 유용한 자료를 찾아 스크랩하기도 했습니다. 그러는 동안 5년이라는 세월이 흘러갔습니다. 그런데 5년이 다 갈 무렵 그에게 기적이 일어났습니다. 하나님께서 하루아침에 그를 고쳐 주신 것입니다.

그로부터 10여 년이 지난 후에 그는 캄캄한 터널같이 고통스러웠던 5년을 돌아보면서 이런 간증을 했습니다.

"왜 하나님께서 이런 불필요해 보이는 어려운 상황을 주셨을까 곰곰이 생각해보았습니다. 그때 저는 하나님께서 저에 대한 놀라운 계획을 가지고 계셨고, 그 일을 위해 저를 준비시키셨다는 사실을 깨달았습니다. 성공적인 기업 경영을 하기 위해 꼭 필요한 준비가 두 가지 있는데, 하나는 기업을 하나님의 뜻대로 정직하게 경영할 수 있는 신앙적 준비요, 다른 하나는 다방면에서 많은 사람을 이끌어갈 수 있는 광범위한 지식을 준비하는 것입니다. 그런데 하나님께서는 병석에 있을 때 저에게 이 두 가지를 준비시켜 주셨음을 깨달았습니다. 5년 동안 읽었던 책과 모든 자료가 그 뒤 10년 동안 회사를 경영하는 데 꼭 필요한 기본적인 재산이 되었습니다. 질병도 그것이 죄로 말미암지 않았다면 하나님의 귀한 은혜임을 다시 한번 깨닫고 있습니다. 하나님께서 주신 모든 것은 귀합니다. 질병이든, 실패든, 성공이든, 하나님께서 주신 것이면 그것은 귀합니다. 장애물은 하나님의 뜻 안에서 훌륭한 기회가 됩니다."

이 글을 읽고 얼마나 감동을 받았는지 모릅니다. 그는 다름 아닌 이랜드 그룹의 창업주 박성수 회장입니다.

 **삶의 열매를 거두며**

나사로의 죽음은 하나님의 영광을 드러내기 위한 사건이었으며 우리에게도 비슷한 일들이 일어날 수 있습니다. 고통 가운데서는 발견할 수 없었지만, 한참 지나고 난 후 하나님께서 그분의 영광을 위해 나의 고통을 사용하셨다는 확신을 가질 때가 있습니다. 당신이 경험한 사례가 있다면 나누어 봅시다.

나사로야 나오라

요한복음 11:17~44

 마음의 문을 열며

요한복음에 나오는 예수님의 일곱 가지 이적 중 가장 장엄하고 감동적인 장면을 꼽으라면 아마도 죽은 나사로를 살리신 사건일 것입니다. 예수님은 가장 비극적인 사건을 가장 영광스러운 사건으로 바꾸셨습니다. 이렇듯 죽은 자를 일으키신 이적은 십자가의 죽음을 앞에 둔 시점에서 볼 때, 예수님 자신도 죽어 부활하실 것을 예고하는 심오한 의미를 가지고 있습니다. 예수님만이 죄와 죽음의 권세를 정복한 부활의 주시요 생명의 주심을 친히 드러내신 것입니다.

이 시간 말씀을 통해, 험한 세상을 살아가는 우리가 날마다 부활의 생명과 능력을 체험할 수 있게 되기를 바랍니다.

말씀의 씨를 뿌리며

1   나사로가 장사된 지 나흘이 지난 후 베다니로 오신 예수님이 마르다
    와 나누신 대화에 주목해 봅시다. 예수님의 약속은 무엇입니까? 그
    약속에 대한 마르다의 믿음은 어떤 것입니까?

    ○ 23~27절/
    ....
    ....
    ....
    ....
    ....
    ....

2   마르다의 믿음에 문제가 있다고 생각합니까? 그렇다면 그 이유를 말
    해 봅시다.

    ....
    ....
    ....

3   25~26절을 암송합시다. 그리고 그 의미를 쉬운 말로 다시 한번 정리
    해 봅시다.

    ....
    ....
    ....

4 당신은 주님이 주시는 영광스러운 부활의 생명을 얻었다는 확신을 가지고 있습니까?

5 예수님은 슬퍼하는 사람들에게 둘러싸여 계시면서 두 가지 반응을 보이셨습니다. 어떻게 반응하셨고 그렇게 하신 이유가 무엇이라고 생각합니까?(참고/ 누가복음 19:41; 히브리서 5:7)

○ 33, 35절/

6 세상은 고통과 슬픔이 마르지 않는 눈물의 골짜기입니다. 예수님도 세상에 계실 동안 눈물 없이는 사실 수 없었습니다. 마르다와 마리아가 통곡하는 모습을 보고 주님도 우셨습니다. 이는 우리가 눈물 흘릴 때마다 주님이 우리의 슬픔을 함께 나누신다는 것을 의미합니다. 지금도 그분은 내 곁에서 우실 때가 있습니다. 이 사실을 믿습니까? 믿을 때 어떤 위로를 받을 수 있습니까?(참고/ 마태복음 8:17; 히브리서 4:15)

7 예수님이 나사로를 살리신 이야기를 해 봅시다. 죽음을 정복하신 예수 그리스도를 볼 때 우리의 가슴이 뛸 것입니다.

○ 41~44절/

8 예수님은 유대에서 그분을 믿다가 죽은 모든 사람을 살리시지는 않았지만, 나사로는 살려 주셨습니다. 이러한 이적의 배후에는 하나님의 크신 뜻이 들어 있습니다. 이에 대해 다음 구절을 통해 생각해 봅시다.

○ 25~26절/

○ 42절/

9 그리스도인은 죽음에 대해 세상 사람들과는 분명히 다른 관점을 가지고 있습니다. 다음 글을 읽고 느낀 점을 이야기해 봅시다.

폴 투르니에는 스위스의 정신의학자요, 유명한 저술가입니다. 그가 쓴 신앙 간증집 《귀를 핥으시는 하나님 *A Listening Ear*》(비전북) 중에 이런 내용이 있었습니다. 그와 그의 아내는 금슬 좋은 부부로 소문났는데, 한번은 그리스에 휴가를 갔다가 아내가 갑자기 심장마비를 일으켜 세상을 떠났습니다. 죽기 직전 아내는 평화로운 미소를 지으며 남편을 쳐다보았습니다. 그러고는 이렇게 말했습니다. "여보, 오늘 천국에 도착해서 먼저 가 계신 시부모님을 만나면 정말 즐거울 것 같아요."

그 말에 투르니에 박사는 굉장한 감동을 받았습니다. 그는 아내가 죽음을 마치 기차를 타고 제네바에 다시 돌아가는 것처럼, 사랑하는 가족을 재회하는 것처럼 태연하게 받아들이는 것을 보고 '부활이요 생명이신' 예수님을 새롭게 체험할 수 있었다고 합니다. 아내를 떠나보낸 후에 그의 믿음은 점점 더 강해졌습니다. 부활이요 생명이신 주님에 대한 믿음이 강해질수록 그는 근심과 걱정에서 해방되는 놀라운 자유를 체험할 수 있었습니다. 그는 이렇게 말했습니다. "나는 아내와 육체적으로만 결혼한 부부였던 것이 아니라 아내의 소망과 믿음 속에 한 몸이 되어 있었음을 알게 되었다."

예수님은 나사로를 살리심으로 자신이 부활이요 생명임을 실제로 증명하셨습니다. 나사로의 부활을 통해 알 수 있듯이 우리는 미래의 부활만 약속받은 것이 아니라 현세의 죽음까지 이기는 자가 되었습니다. 그렇다면 우리는 남은 생을 어떻게 살아야 하겠습니까?

•고린도전서 15:58/

Lesson 12

사랑의 헌신

요한복음 12:1~11

 ## 마음의 문을 열며

요한복음 12장 이하에는 예수님이 수난을 당하신 한 주간의 이야기들이 기록되어 있습니다. 특별히 예수님에게 향유를 부은 마리아의 헌신이 깊은 감동을 줍니다. 헌신한다는 것은 말처럼 그리 쉬운 일이 아닙니다. 해링톤이라는 분은 이런 말을 했습니다. "마귀가 가장 요긴하게 사용하는 사람은 활동적인 죄인이 아니라 비활동적인, 다시 말해 헌신하지 않는 그리스도인들이다." 오늘날 사탄은 제 세상을 만난 것처럼 날뛰고 있습니다. 왜냐하면 교회 안에 헌신 기피증이 전염병처럼 퍼졌기 때문입니다. 모두들 조금 살 만하니까 헌신하기를 기피합니다. 쉽게 예수님 믿고, 편하게 신앙생활하고 싶어 합니다.

이 시간 말씀을 계기로 각자 자신의 헌신을 점검하고 새롭게 하길 바랍니다. 주님이 베푸신 사랑에 감격하여 남은 생을 하나님의 영광을 위해 온전히 드리게 되길 바랍니다.

말씀의 씨를 뿌리며

1 베다니를 방문하신 예수님을 위해 잔치가 벌어졌습니다. 잔치가 열린 곳은 어디이며 등장인물은 누구인지 당시 상황을 그려 봅시다(참고/ 마태복음 26:6; 마가복음 14:3).

○ 1~3절/

2 잔치가 무르익자 마리아는 아주 특별한 행동을 합니다. 어떤 행동입니까?

○ 3절/

3 마리아는 예수님을 향한 자신의 사랑과 헌신을 표현했습니다. 그러기에 그의 예물에는 가능한 모든 정성이 담겨 있습니다. 마리아의 행동에서 가장 감동이 되는 점을 말해 봅시다.

4 제자들 중 가룟 유다는 마리아의 행동을 보고 뭐라고 비난합니까? 그렇게 말한 이유는 무엇이라고 생각합니까?

○ 4~6절/

_____

_____

_____

5 교회 안에도 가끔 마리아처럼 예수님을 별나게 사랑하는 자들이 있습니다. 주변에 오늘날의 마리아가 있다면 예를 들어 봅시다. 그리고 그들에 대해 당신이 품고 있는 솔직한 감정은 무엇인지 말해 봅시다. 행여 가룟 유다처럼 곱지 않은 시선으로 바라보고 있지는 않습니까?

_____

_____

_____

_____

6 예수님은 마리아의 행동을 어떻게 변호하십니까?(참고/마태복음 26:10, 13; 마가복음 14:8)

○ 7~8절/

_____

_____

_____

_____

7 예수님을 향한 마리아의 헌신은 가난한 자를 구제하는 것보다 앞서는 일이었습니다. 예수님이 먼저시고, 가난한 자는 그 다음입니다. 그런데 가끔 보면 우리도 가룟 유다처럼 그 순서를 바꿀 때가 있습니다. 어떤 경우에 그렇습니까?

8 대제사장들은 나사로마저 없애려고 했습니다. 그런데도 나사로는 동요하지 않고 예수님 곁에 있었으며 그분을 위해 잔치를 열었습니다. 예수님 때문에 구원의 은혜를 받았지만 막상 생명이나 재산에 위협을 느끼면 금방 비겁해지기 쉬운 우리와 얼마나 대조적입니까? 당신의 생각을 말해 봅시다(참고/2절).

　○ 10~11절/

9 다음 글을 읽고 느낀 점을 나누어 봅시다.

간디는 인도 사람들에게 신적인 존재나 다름없습니다. 그의 일대기를 서술한 자서전이 400권이 넘고 어록만도 80권이 넘습니다. 1948년 1월, 그가 어떤 미치광이에게 피살당했다는 소식이 전해지자 인도 전역에 그를 따라서 자살한 사람이 몇 명인지 압니까? 학자들이 계산한 바로는 많이 잡으면 100만에서 200만 명이고, 적게 잡으면 20만에서 60만 명이라고 합니다. 간디의 죽음을 애도하며 그 많은 사람이 자기 생명을 바쳤습니다. 진정 마음을 드리는 대상이면, 정말 사랑하는 대상이면 세상 그 어떤 것도, 심지어 자기 생명까지도 아끼지 않습니다.

간디 같은 사람을 위해서도 생명을 바치는 사람이 수십만 명이었다고 한다면, 하늘의 모든 영광을 버리고 이 세상에 오셔서 우리 대신 죄인이 되시어 십자가에 죽으신 예수 그리스도의 사랑을 한 몸으로 받는다고 고백하는 우리는 어떠해야 하겠습니까?

삶의 열매를 거두며

당신은 주님을 사랑합니까? 사랑한다면 그 사랑을 어떻게 표현하고 있습니까? 그리고 그 표현은 얼마나 헌신적입니까? 지금까지 주님께 헌신이라는 이름으로 드린 것들을 생각해 봅시다. 그리고 한 번뿐인 인생을 살면서 어떤 옥합을 깨뜨려 주님을 위해 드릴 것인지 함께 나누어 봅시다.

Lesson *13*

나를 섬기려면 나를 따르라

요한복음 12:12~36

 마음의 문을 열며

역사를 돌아보면 세상에 등장했던 왕이나 통치자들은 무수히 많았지만, 그들이 사람들에게 안겨준 것은 결국 실망과 허탈감뿐이었습니다.

그러나 우리가 읽은 말씀에 등장하는, 어린 나귀를 타고 예루살렘으로 입성하시는 예수 그리스도는 다릅니다. 하나님께서는 어린 나귀를 타고 예루살렘으로 들어가시는 예수님을 가리키면서 "인류가 기다리는 진정한 왕"이라고 선언하십니다. 예수님은 우리 위에 군림하고 착취하는 왕이 아니라 우리를 위해 자신의 생명을 주시는 왕입니다. 이와 같이 하나님의 뜻에 죽기까지 순종하신 예수님은 이제 우리에게도 자신을 따를 것을 요구하십니다. 자신이 썩는 밀알이 되어 희생하신 것처럼 우리도 희생하라고 말씀하십니다.

말씀을 통해 한 번뿐인 인생에서 어떻게 예수님을 따르는 제자답게 살 수 있을지 생각해 보고, 마음을 새롭게 하길 바랍니다.

1 예수님이 예루살렘으로 오신다는 소식이 퍼지자 어떤 일이 벌어집니까?

○ 12~13절/

2 예수님이 나귀 새끼를 타신 것은 그분이 겸손한 왕이심을 나타냅니다. 스가랴 9장 9절은 이 사실을 어떻게 예언합니까?

3 유월절을 맞아 예루살렘을 방문한 사람들 중 헬라인 몇 명이 예수님을 찾아왔습니다. 그러자 예수님은 뭐라고 말씀하십니까?

○ 23~25, 27절/

4 예수님은 이방인인 헬라 사람들의 방문을 보시며 자신이 영광을 받을 때가 왔다고 하시면서 십자가의 죽음을 말씀하셨습니다. 32~33절을 통해 예수님이 하신 말씀의 의미에 대해 생각해 봅시다(참고/ 로마서 5:18; 에베소서 2:12~13).

....

....

....

....

....

5 26절을 묵상합시다. "나를 따르라"는 말씀 속에 담겨 있는 의미는 무엇일까요?(참고/ 24~25절)

....

....

....

....

....

6 예수님을 따르고 그분께 배우기 위해서는 자기희생을 피할 수 없습니다. 그러기 위해서는 단 한 가지, 내가 죽는 길밖에 없습니다. 우리는 더 높은 생의 기쁨을 위해 땅에 속한 것을 포기해야 합니다. 주님의 영광을 위해 내 영광을 버려야 합니다. 하나님 나라가 이 땅에 이루어지도록 하기 위해 짧은 한 생을 주님의 제단에 올려놓아야 합니다. 이런 자기희생에 대해 당신이 평소에 가지고 있던 생각을 나누어 봅시다. (참고/ 마태복음 10:38~39)

7 다음 글을 읽고 느낀 점을 나누어 봅시다.

찰스 스터드는 100여 년 전에 영국에 살았던 사람으로 갑부의 아들이자, 케임브리지 대학을 나온 수재요, 당시 최고 인기 스포츠였던 크리켓 부문 대스타였습니다.

그런데 어느 날 갑자기 그의 가정에 놀라운 변화가 찾아왔습니다. 그의 아버지가 무디로부터 전도를 받고 예수님을 믿은 것입니다. 자연히 그도 아버지의 영향으로 예수님을 믿게 되었습니다. 그 이후에 그의 삶은 놀랍게 변했고 세상을 구원하는 일에 젊음을 바치고자 선교사가 되어 중국으로 건너갔습니다.

그러던 중 그의 아버지가 세상을 떠나고 그는 3만 파운드가 넘는 유산을 상속받았습니다. 그는 자기가 받은 유산을 몽땅 무디성경학교와 조지 뮬러의 고아원, 허드슨 테일러의 선교 단체에 헌금했습니다. 그리고 중국에서 만나 결혼한 아내와 함께 중국에서 18년 동안 선교사로 헌신했으며, 이후 6년 동안 인도에서 선교사로 사역했습니다.

이렇게 장기간 자기 몸을 돌보지 않고 선교하다 부부가 다 중한 병을 얻었고, 그제야 요양차 귀국했습니다. 영국에 돌아온 지 얼마 지나지 않은 어느 날, 스터드는 어떤 집회에 참석했다가 그곳에 붙어 있던 포스터를 보고 적지 않은 충격을 받았습니다. 포스터에는 이런 글귀가 적혀 있었습니다. "식인종이 선교사를 기다립니다!" 당시 그는 선교사로 나갈 수 있는 형편이 아니었습니다.

아프리카로 가려는 그를 주변에 있던 거의 모든 사람이 만류했습니다. 심지어 그의 부인조차 말렸습니다. 그러나 그는 만류하는 아내에게 이렇게 말했습니다. "15년 동안 천식으로 겪은 고통을 어떻게 말로 다 설명할 수 있겠소? 밤낮을 가리지 않고 찾아오는 고통은 죽음의 고통이나 다를 바 없었소. 더군다나 내 몸은 허약해질 대로 허약해진 상태요. 왜 내게 이제는 쉬고 싶다는 그런 유혹이 없었겠소? 그러나 나는 그리스도를 위해 잠시도 쉴 수가 없소."

그는 병든 아내를 영국에 남겨둔 채 아프리카 수단으로 떠났습니다. 그리고 마가복음 8장 35절 말씀을 굳게 붙잡았습니다. "누구든지 나와 복음을 위하여 자기 목숨을 잃으면 구원하리라."

이렇게 자기를 완전히 제단에 올려놓는 신실한 종을 하나님께서 신실하게 대우하지 않으실 리가 없습니다. 한번은 그가 말라리아가 창궐하는 정글을 헤치고 지나가는데, 스물아홉 마리 당나귀 가운데 스물다섯 마리가 죽고 네 마리만 살아남는 기가 막힌 일이 벌어졌습니다. 그러나 그는 그런 와중에서도 말라리아에 걸리지 않고 살아남았습니다. 하나님께서 죽음의 정글에서 그를 지켜 보호하셨습니다. 더군다나 그는 70세가 되기까지 무려 20년 동안 아프리카 선교에 헌신하며 수많은 영혼을 구원했습니다.

8 31절을 보십시오. 예수님이 십자가에 죽으시고 부활하시면 이 사건은
세상을 심판하고 세상 임금인 사단을 추방하는 것이 됩니다. 이것은
이해하기 어려운 일이 아닙니다. 우리가 예수님의 이름으로 복음을 전
하면 그 자리에서 당장 심판과 사탄의 추방을 목도할 수 있기 때문입
니다. 누구든지 복음을 거부하면 그는 지옥의 심판을 자초하게 되고,
예수님을 믿으면 그를 점령하고 있던 사탄이 쫓겨 나가는 역사가 일어
나는 것입니다. 이 사실에 대해 확신할 수 있습니까?

 **삶의 열매를 거두며**

구원의 길이 되신 예수님은 세상의 빛이십니다. 그런데 36절을 보십시오. 이 빛은
영원히 있지 않습니다. 그렇다면 지금 당신에게 그리고 세상 사람들에게 가장 시
급한 일은 무엇입니까?

약한 믿음, 거짓 믿음

요한복음 12:36~50

 **마음의 문을 열며**

지난 3년 동안 예수님은 갈릴리와 유대를 다니시면서 "회개하라 천국이 가까이 왔느니라" 하시며 천국 복음을 선포하셨습니다. 만나는 사람들에게 복음을 전하시고, 진리를 가르치시며, 또 병든 자들을 치유하셨습니다. 그런데 13장 이하에서는 예수님이 제자들과 만나 말씀하시는 모습만 볼 수 있고, 무리 앞에 모습을 드러내시는 장면은 찾을 수 없습니다. 모든 사람에게 천국 복음을 전하시고, 가르치시고, 치료하시던 사역을 이제 마무리하셨습니다.

이러한 흐름을 염두에 두면서 무리에게 하신 마지막 말씀에 주목할 필요가 있습니다. 마지막까지 하나님이신 예수님 자신을 선포하신 외침 앞에 우리의 믿음은 어떠한지 다시금 점검할 수 있기를 바랍니다.

 **말씀의 씨를 뿌리며**

1 그분을 믿지 않는 무리에게 시달리시던 예수님은 그들을 떠나 숨으셨습니다. 이러한 예수님의 모습을 볼 때 어떤 느낌이 듭니까?

○ 36절/

2 예수님이 보이신 많은 표적에도 불구하고 사람들이 그분을 믿지 않는 이유에 대해 이사야 선지자는 뭐라고 예언합니까?(참고/ 이사야 53:1, 6:9~10)

○ 38~40절/

3 40절을 잘못 이해하면 유대인들의 불신앙이 마치 하나님의 책임인 것
처럼 보입니다. 다음 구절을 참고하여 이 말씀의 실제 의미가 무엇인
지 생각해 봅시다.

○ 로마서 1:24, 26, 28/

4 우리 주변에 보면 자기가 예수님을 믿지 못하는 원인을 다른 데서 찾
는 자들이 있습니다. 그중 가장 고약한 사람은 자기의 불신이 하나님
의 책임이라고 생각하는 자들입니다. 왜 이런 태도가 잘못되었다고
할 수 있습니까?

5 당시 산헤드린 관원 중에도 예수님을 믿는 자들이 더러 있었습니다.
그러나 그들은 자신의 믿음을 공개적으로 시인하지 못했습니다. 그
이유는 무엇입니까?(참고/ 마가복음 15:43; 요한복음 7:50~51)

○ 42~43절/

6 당신은 세상 가운데서 그리스도인이라는 사실을 시인하며 살고 있습니까? 자기 체면이나 불이익 때문에 예수님을 믿는다는 사실을 숨기진 않습니까? 다음 구절을 통해 자신의 신앙을 고백하는 것이 왜 중요한지 확인해 봅시다.

○ 마태복음 10:32~33

7 예수님은 세상을 심판하기 위해서가 아니라 구원하기 위해 오셨습니다. 그러나 예수님을 영접하지 않으면 주님의 말씀이 그런 자를 심판합니다. 예수님이 언급하신 '내가 한 그 말'이란 무엇일까요?(참고/ 요한복음 3:35~36, 11:25~26)

○ 47~48절/

8 예수님을 믿는다고 해서 모두가 똑같은 믿음을 가진 것은 아닙니다. 그중에는 가룟 유다처럼 거짓 믿음을 가진 자도 있고, 관원들처럼 유대 사회에서 왕따를 당할까 봐 두려워서 드러내지 못하는 약한 믿음을 가진 자도 있습니다. 둘 다 위험한 믿음입니다. 진짜 믿음을 가져야 합니다. 그 믿음은 아무도 꺾지 못할 정도로 강합니다. 당신의 믿음은 어떠합니까? 다음 글을 읽고 자신의 믿음과 비교해 보십시오.

박은혜 전도사는 중국에서 태어난 조선족 자매로 배운 게 별로 없는 평범한 여자입니다. 중국에서 문화혁명의 광풍이 사람들을 한창 핍박할 무렵, 남몰래 라디오를 틀어놓고 듣다가 극동방송을 통해 예수님을 만났습니다. 어느 날 혼자 조용히 방송을 듣는데 설교자가 설교를 끝내면서 이런 말을 했나 봅니다. "사랑하는 형제자매 여러분, 예수 믿기를 원하십니까? 그러면 제 기도를 따라 하십시오." 이 자매는 설교자의 말대로 따라 했습니다. "자비로우신 하나님 아버지, 감사합니다. 예수님이 나의 구주요, 나의 하나님이심을 믿습니다…" 한참 이렇게 따라 하는데 갑자기 머리 위로 뭔가 뜨거운 액체가 확 쏟아지는 것을 느꼈습니다. 너무도 놀라 벌떡 일어나서 눈을 떠보니 언제 들어왔는지 남편이 들어와서 국수를 먹다가 "무슨 게딱지같은 소리를 하고 있어?" 하면서 머리에 뜨거운 국물을 그대로 엎어버렸던 것입니다.

그러나 박 전도사는 꺾이지 않았습니다. 중국에는 공산당과 좋은 관계를 유지하면서 기독교의 명맥을 이어가는 삼자교회가 있습니다. 그는 라디오만으로는 만족하지 못해 매 주일마다 삼자교회에 나가기 시작한 것입니다. 그러자 남편의 핍박은 몇 배나 늘어났습니다. 교회만 다녀오면 그날 저녁은 온몸이 만신창이가 되었습니다. 너무 두들겨 맞아서 양쪽 귀가 터진 적도 한두 번이 아닙니다. 그렇게 10년 동안을 남편에게 두들겨 맞으며 살았습니다. 그럼에도 그는 "예수 안 믿는다"라는 말을 하지 않았습니다. 남편이 "너, 나를 택할래 예수를 택할래?" 하고 으름장을 놓을 때마다 "나는 예수님도 택하고, 당신도 택할 겁니다"라고 하면서 포기하지 않았습니다. 그러다가 나중에는 결국 판사 앞에 끌려가서 강제 이혼을 당했습니다. 그러고는 한국으로 쫓겨와서 10년이 넘도록 돌아가지 못하고 있는데 그 가슴에 얼마나 불이 붙는지 모릅니다.

그는 이런 말을 했습니다. "한국교회에 와 보니, 성도들 대부분 배에 기름이 줄줄 흐르도록 받은 것이 너무 많은데도 이상하게 기도할 때 엎드리기만 하면 하나님한테 뭘 그렇게 많이 맡겨놓았는지 '주여, 주시옵소서' 하고 날마다 달라고만 합니다. 중국 성도들은 그렇게 환난과 핍박을 받으면서 신앙생활을 해도 무엇을 달라고 기도하지 않습니다. '하나님, 우리에게 구원을 주신 것을 감사합니다. 우리를 들어 사용해주옵소서. 우리가 주님을 위해 살게 해주옵소서' 하고 기도하지, 무엇을 달라는 기도는 하지 않습니다."

교회에 오면 날마다 달라고만 하면서 자기중심적으로 신앙생활을 하는 사람들이 진짜 믿음을 가진 사람들이겠느냐는 뼈아픈 충고입니다.

9 예수님은 자신의 말씀이 하나님께서 주신 것이라는 점을 강조하십니다. 왜 이 사실이 중요한지 생각해 봅시다(참고/요한복음 3:34, 5:18~19, 14:9).

 **삶의 열매를 거두며**

'예수님을 믿는다'는 말은 예수님이 하나님 되심을 시인한다는 뜻입니다. 그런데 대부분의 유대인들은 이 사실을 받아들이지 못해 걸려 넘어지고 말았습니다. 예수님이 하나님 되신다는 사실을 믿을 때, 당신이 누리게 되는 은혜가 무엇인지 아는 대로 말해 봅시다. 그리고 하나님 되신 주님을 찬양합시다.

예수님이 보여주신 섬김의 본

요한복음 13:1~17

 **마음의 문을 열며**

오늘날은 이기주의가 정상적인 사고방식처럼 통하는 시대입니다. '내가 싫으면 안한다. 내가 싫다는데 왜 그래?' 이런 말들은 우리 사회가 철저한 이기주의로 흐르고 있음을 증명합니다. 어린아이부터 어른에 이르기까지 그와 같은 말들을 조금도 부끄러운 줄 모르고 내뱉으며 그 말대로 행동하는 사람들이 우리 주변에 자꾸 늘어나고 있습니다.

심리학자 에리히 프롬은 이기주의에 대해 "이기적인 사람은 자기 자신 이외에는 아무도 볼 수 없으며, 모든 사람과 사물을 '자기에게 얼마나 쓸모가 있느냐'로만 판단하려 든다"라고 했습니다.

이런 세상에서 예수님은 듣기에 조금 거북하고 어색한 교훈을 우리에게 들려주십니다. "서로 발을 씻어주라"고 하십니다. 이는 서로의 발을 씻어주는 마음을 가지고 세상을 살아야 한다는 말씀입니다. 이 시간 우리 모두가 주님의 말씀에 강한 도전을 받아야 할 것입니다.

1   예수님은 하나님 나라로 올라갈 시간이 얼마 남지 않았음을 아셨습니다. 사랑하는 제자들을 두고 가야 하기에 마음이 아프셨을 것입니다. 그럴수록 제자들을 향한 예수님의 마음은 어떠하셨습니까?

○ 1절/
_____

_____

_____

2   예수님은 유월절 식사를 하기 위해 제자들을 데리고 어느 집의 다락방으로 올라가셨습니다. 당시 상황을 이해하기 위해 다음 글을 먼저 읽어 보고 느낀 바를 이야기해 봅시다.

> 유대는 원래 건조한 땅입니다. 요즘처럼 잘 만든 구두를 신고 다니면 걱정이 없지만 당시에는 샌들을 신고 다녔기 때문에 1킬로미터만 걸어도 온 발에 먼지가 수북이 쌓일 정도로 발이 더러워집니다. 그래서 어느 집에 들어가든지 그 집 문간에는 반드시 발을 씻을 수 있도록 물을 담아놓은 항아리가 준비되어 있습니다. 종이 있는 가정은 종이 나와서 손님들의 발을 씻어줍니다. 만약에 씻어 줄 사람이 아무도 없으면 자기가 발을 씻고 들어가야 합니다.
>
> 예수님은 제자들과 함께 예루살렘에서 이 유월절을 마지막으로 보내게 되어 있었습니다. 유월절 만찬을 잡수시기 위해서 예수님은 미리 준비된 다락방으로 제자들을 데리고 올라가셨습니다. 그들은 하루 종일 걸어다니면서 일했기 때문에 발이 매우 더러웠습니다. 그런데 다락방에는 식사 준비만 되어 있었을 뿐 예수님과

제자들을 접대하는 사람이 아무도 없었습니다. 더러워진 발을 씻어줄 사람이 아무도 없었던 것입니다. 그래서 제자들이 서로 씻어주든지 아니면 스스로 자기 발을 씻어야 하는 상황이었습니다.

드디어 음식을 먹기 시작했습니다. 어쩌면 예수님은 제자들 가운데 누군가 일어나서 예수님의 발을 씻으리라고 생각하셨는지도 모릅니다. 또 그러기를 기다리셨는지도 모릅니다. 그러나 시간이 많이 지나고 음식을 다 먹어가는데도 어느 한 사람 일어나지 않았습니다.

결국 예수님은 음식을 드시다 말고 일어나셨습니다. 겉옷을 벗어 옆에다 놓으시고, 수건을 허리에 동이신 채 문간으로 가서서 대야에 물을 담고는 돌아와 제자들의 발을 씻기시기 시작하셨습니다. 열두 제자의 발을 다 씻기시고 난 후에야 벗어두었던 겉옷을 다시 입고 제자리에 앉으셨습니다. 이제 그 자리에 있는 열세 사람 중 발이 더러운 사람은 예수님밖에 없습니다. 열두 제자는 예수님이 다 씻어주셨기 때문입니다. 그렇다면 적어도 한 사람 정도는 일어나서 "예수님, 죄송합니다. 예수님의 발은 제가 씻어드리겠습니다" 하고 나섰어야 했습니다.

그러나 놀랍게도 예수님의 발을 씻으려고 일어선 사람은 단 한 명도 없었습니다.

3 베드로가 주님 앞에 발을 내밀려고 하지 않자 주님은 뭐라고 말씀하
   십니까?

   ○ 8~10절/

   _____

   _____

   _____

   _____

4 예수님이 말씀하신 '목욕하는 것'과 '발 씻는 것'은 무엇을 의미합니
   까? 다음 구절을 통해 생각해 봅시다.

   ○ 목욕(로마서 3:24)/

   _____

   _____

   _____

   ○ 발 씻음(요한일서 1:9)/

   _____

   _____

   _____

5 당신은 목욕한 자라는 확신이 있습니까? 그리고 매일 열심히 발을 씻
   고 있습니까?

   _____

   _____

   _____

6 예수님이 손수 제자들의 발을 씻기신 일 속에 담긴 뜻은 무엇입니까?

○ 14~15절/

....

....

....

7 예수님이 제자들의 발을 씻기신 것은 겸손의 표현입니다. 다음 글을 읽고 정리해 봅시다.

> 그러나 이제 하룻밤만 지나면 주님이 십자가에서 우리의 모든 죄를 짊어지고 죽으실 것입니다. 그런 다음 죄와 사망을 깨뜨리고 부활하실 것입니다. 그날에는 하나님 나라에 벗어놓았던 영광의 옷을 다시 입고 하나님 나라에 두었던 권세, 곧 하늘과 땅에 있는 모든 권세, 모든 인류를 심판하시는 영광스러운 권세를 다시 손에 쥐실 것입니다. 주님은 이것을 벌써 아셨습니다. 때가 다 된 것을 아셨습니다. 인간적으로 말하면, 예수님은 굉장히 우쭐해지실 수 있는 순간이었습니다. 다시 말하면 모든 사람으로부터, 특히 제자들로부터는 경배를 받으셔야 할 자리에 지금 서 계셨습니다.
>
> 그럼에도 주님은 영광과 권세가 자기에게 다시 돌아오는 것을 아는 그 순간에, 오히려 대야에 물을 떠서 제자들 앞에 엎드려 발을 씻어주셨습니다. 그야말로 겸손의 극치입니다.

....

....

....

8 사람이 낮은 자리에 있을 때는 겸손하기 쉽습니다. 그러나 높은 자리에 있을 때는 끝까지 겸손하기 어렵습니다. 당신은 이런 일을 경험한 적이 있습니까?

....

....

....

9 예수님이 제자들의 발을 씻기신 것은 섬김의 표현이기도 합니다. 주님의 몸 된 교회에서 지체가 되는 우리가 서로 섬긴다는 것이 얼마나 중요한지에 대해 이야기해 봅시다.

....

....

....

 **삶의 열매를 거두며**

우리의 스승이신 예수님이 제자들의 발을 씻기셨습니다. 그러므로 예수님의 제자인 우리는 그분의 모범을 한시도 잊지 않도록 해야 합니다. 지금 당장 예수님처럼 발을 씻어주어야 할 대상이 당신에게 있습니까? 정말 그를 섬기는 마음으로 봉사할 수 있는지 기도하면서 생각해 봅시다.

Lesson 16

가룟 유다가 주는 교훈

요한복음 13:18~30

 **마음의 문을 열며**

가룟 유다는 돈을 사랑하다가 망한 사람입니다. 하나님께서는 화려한 성공자들을 통해 교훈을 주기도 하시지만, 가룟 유다와 같은 실패자를 통해서도 음성을 들려주십니다. 물론 그가 들려주는 교훈은 절대 듣기 좋은 것이 아닙니다. 어떤 면에서는 우리의 마음을 아프게 하고 우리 속에 숨겨진 잘못을 드러내는 날카로운 책망일 수 있습니다. 그러나 우리는 경고를 받았음에도 듣지 않고 역행한 가룟 유다의 최후가 어떠했는지 분명히 기억할 필요가 있습니다. 이를 통해 우리에게도 그와 같은 모습이 없는지 철저하게 돌아보고 회개하면서, 잘못된 전철을 밟지 말아야 할 것입니다.

1 우리는 가룟 유다를 떠올릴 때 좋은 인상을 얻지 못합니다. 그는 돈에 대한 애착이 남달랐습니다. 사복음서를 보면 그의 이름이 등장하는 곳마다 돈 문제가 함께 따라다니는 것을 알 수 있습니다. 다음 구절을 통해 이 사실을 확인해 보십시오.

○ 29절/

○ 마태복음 26:15/

○ 요한복음 12:5/

2 탐욕은 하루아침에 생기는 것이 아닙니다. 돈은 가까이하다 보면 좋아하게 되고 나중에는 하나님보다 더 사랑하게 되는 것입니다. 혹시 돈에 집착하여 뼈아픈 경험을 한 적이 있다면 나누어 봅시다(참고/ 디모데전서 6:10).

3 가룟 유다가 예수님을 팔아넘기고 받은 돈은 은 삼십입니다(마 26:15). 상당한 액수인 것 같지만 실은 그렇지 않습니다. 출애굽기 21장 32절을 통해 그 가치가 얼마나 되는지 살펴봅시다. 그리고 탐욕에 눈이 어두워진 자는 돈의 액수에 상관하지 않고 돈이면 무조건 탐하는 구석이 있다는 사실에 대한 당신의 생각을 이야기해 봅시다.

4 본문을 보면 예수님은 가룟 유다에게 돌이킬 기회를 주시고자 다섯 차례나 경고하십니다. 예수님의 경고를 차례대로 살펴보면서 그 내용이 왜 경고의 성격을 띠고 있는지 말해 봅시다.

○ 10~11절/

○ 18절/

○ 21절/

○ 26절/

○ 27절/

5 다음 글을 통해 예수님이 제자들과 함께 성만찬을 나누시던 때의 분위기를 잠깐 들여다봅시다. 그러면 가룟 유다가 얼마나 무서운 마귀의 화신이었는가를 알 수 있을 것입니다. 글을 읽고 느낀 바를 서로 나누어 봅시다.

유대 사람들은 유월절 음식을 먹을 때 U자 형태의 식탁 주변에 다리는 뒤로 뻗고 왼팔은 바닥에 고인 채 몸을 비스듬히 눕히고는 오른손으로 음식을 집어먹습니다. 이런 자세로 식사를 하다 보니 예수님 오른쪽에 있는 제자는 자연히 몸을 조금만 뒤로 눕히면 예수님의 품에 안겨 있는 듯한 모양이 됩니다. 성경이 예수님 오른편에 있던 사도 요한을 말할 때 '예수님의 품에 의지하여 누워 있다'고 기록한 것은 바로 이러한 상황 때문입니다.

예수님이 "너희 중 하나가 나를 팔리라" 말씀하시며 괴롭고 착잡한 심정을 토로하시자 베드로는 예수님 오른편에 앉아 있는 요한에게 그가 누구인지 물어보라는 사인을 보냈습니다. 이에 요한은 몸을 뒤로 눕히며 예수님에게 그 사람이 누구냐고 물었습니다. 그러자 예수님은 요한의 귀에다 속삭이듯 말씀하셨습니다. "… 내가 떡 한 조각을 적셔다 주는 자가 그니라…"(26절). 이 말씀을 하신 후에 주님은 떡을 떼어 곧바로 가룟 유다에게 주셨습니다. 복잡한 과정을 거치지 않고 쉽게 곧바로 줄 수 있었던 것으로 미루어보아 가룟 유다는 예수님 가까이, 곧 예수님의 왼편에 앉아 있었던 것이 틀림없습니다. 가룟 유다가 경고를 받은 때는 서로가 멀찍이 떨어져 있어서 거리감이 느껴질 수 있는 그런 분위기가 아니었습니다. 품에 안기는 듯한 자세로 소곤소곤 이야기를 나눌 수도 있는 사랑이 넘치는 분위기였습니다. 그는 예수님 바로 곁에 있었기에 예수님의 뜨거운 가슴에서 뿜어나오는 사랑을 느낄 수도 있었습니다. 그러나 그는 결국 그 모든 기회를 다 흘려버리고 회개하지 않다가 망하고 말았습니다.

6 누군가 "경고를 무시하고 차단하는 사회는 신호등 없는 네거리와도 같다"라고 말했습니다. 그런데 이것은 국가뿐만 아니라 개인에게도 해당되는 말입니다. 당신은 하나님께서 말씀이나 환경을 통해 주시는 경고를 어떻게 받고 있습니까? 혹시 귀를 막거나 대수롭지 않게 여기진 않습니까?

7 성경은 가룟 유다가 떡 조각을 받고 나간 때가 '밤'이었음을 특별히 강조합니다. 어떻게 보면 저녁만찬 중에 나갔기에 밤이라고 말하는 것은 매우 당연해 보입니다. 그러나 그때가 밤이었음을 강조하는 데는 분명한 이유가 있습니다. 밤이 지니는 영적 의미 때문입니다. 멸망의 길은 어둡습니다. 30절과 잠언 4장 19절을 통해 우리가 배워야 할 교훈이 무엇인지 생각해 봅시다.

삶의 열매를 거두며

예수님을 믿는 사람들은 탐욕에서 자유해야 합니다. 탐욕의 결국은 영혼의 파산을 가져오기 때문입니다. 회사나 국가만 부도나는 것이 아닙니다. 우리의 영혼도 부도날 수 있습니다. 우리의 신앙생활도 파산할 수 있습니다. 우리의 마음을 들여다 보시는 하나님 앞에서 돈에 대해 부끄러울 것이 없는지 돌아봅시다. 그리고 자신이 탐심의 노예가 아니라는 사실을 어떻게 증명할 수 있는지 생각해 봅시다(참고/ 누가복음 12:15).

주여 어디로 가시나이까

요한복음 13:31~38

 마음의 문을 열며

유월절 만찬석상에서 가룟 유다가 자리를 뜨자 예수님은 제자들에게 마지막 설교를 시작하십니다. 그리고 그들을 위해 우리에게 대제사장의 기도라고 알려진 기도를 해주십니다. 그 내용이 이번 과 본문에서부터 17장까지 기록되어 있습니다.

예수님은 십자가 죽음을 목전에 두시고, "지금 인자가 영광을 얻었다", "서로 사랑하라" 그리고 베드로의 질문에 대답하시며 "지금은 따라올 수 없다"라고 말씀하십니다. 어느 것 하나 가볍게 들어서는 안 될 말씀입니다. 그 말씀에는 지금 우리를 향해 들려주시는 그분의 음성이 들어 있기 때문입니다.

1 가룟 유다가 나간 후 예수님이 제일 먼저 하신 말씀은 무엇입니까?

  ○ 31~32절/

2 예수님은 자신이 당하게 될 십자가의 죽음에 대해 자기가 영광을 받았고 또 하나님도 영광을 받으셨다고 말씀하십니다. 왜 십자가의 죽음을 영광으로 보셨을까요? 빌립보서 2장 9~11절을 가지고 생각해 봅시다.

3 우리도 예수님처럼 하나님의 명령에 복종하기 위해 세상에서 져야 할 십자가들이 있습니다. 그 예를 적어 보십시오. 당신은 그 십자가가 수치나 고통이 아니라 영광이라고 믿습니까?

4 34~35절을 암송하십시오. 그리고 특별히 당신의 마음에 와닿는 내용
이 있다면 무엇인지 나눠 봅시다.

_____

_____

_____

5 '사랑하라'는 말은 요한복음에만도 56회나 나옵니다. 그중에서도 예수
님이 제자들에게 마지막 고별 설교를 하시는 13장에서 21장 사이에
44회 나온다는 사실은 매우 특별한 일이 아닐 수 없습니다. '사랑하라'
는, 예수님이 세상을 떠나시기 전에 제자들을 앉혀놓고 그들에게 마
지막으로 하신 말씀 가운데 핵심이 되는 주제였던 것입니다. 이렇듯
사랑하는 것이 우리에게 중요하다는 사실을 평소에 얼마나 깊이 인식
하며 살고 있습니까?

_____

_____

_____

_____

6 우리는 사랑하되 막연히 사랑해서는 안 됩니다. 누구처럼 사랑하겠다
는 표준이나 모범을 갖고 있어야 합니다. 이 사실을 '~같이', '제자가
되리라'는 말씀을 가지고 어떻게 설명할 수 있습니까?

_____

_____

_____

7 다음의 글을 읽고 느낀 바를 나누십시오.

> 에멧트 팍스라는 분이 사랑의 위대함과 아름다움을 시적(詩的)으로 멋지게 표현한 글을 읽은 적이 있습니다.
>
> "충분한 사랑이 정복하지 못할 어려움은 없습니다. 충분한 사랑이 치료하지 못할 병도 없고, 충분한 사랑이 열지 못할 문도 없고, 충분한 사랑이 건너지 못할 해협도 없고, 충분한 사랑이 무너뜨리지 못할 벽도 없고, 충분한 사랑이 뉘우치게 하지 못할 죄도 없습니다. 근심의 뿌리가 얼마나 깊은지는 문제가 되지 않습니다. 앞날이 얼마나 절망적으로 보이는지도, 매듭이 얼마나 단단한지도, 얼마나 엄청난 실수를 저질렀는가도 문제가 되지 않습니다. 충분한 사랑은 이 모든 것을 녹여버립니다. 충분히 사랑할 수만 있다면 당신은 세상에서 가장 행복하고 강한 사람이 될 수 있습니다."

....

....

....

8 33절에서 예수님이 자기가 가는 십자가의 길에 제자들이 따라올 수 없다고 말씀하시자 베드로가 "주여 어디로 가시나이까"라고 묻습니다. 그러자 예수님은 어떻게 대답하십니까?

○ 36절/

....

....

....

9 베드로가 당장 예수님을 따를 수 없었던 이유는 무엇입니까?(참고/
마태복음 16:23~25, 26:33)

○ 37~38절/

 **삶의 열매를 거두며**

예수님의 예언대로 베드로는 평생 복음을 전하다가 순교했습니다. 주님이 가신 길을 따라갔습니다. 그렇다면 당신은 어떻습니까? 언젠가는 주님이 원하시는 길을 꼭 가야겠다는 각오가 되어 있습니까?

옥한흠 다락방 시리즈 19

요한복음 2

초판 1쇄 발행 2002년 5월 6일
개정판 1쇄(64쇄) 인쇄 2025년 10월 30일
개정판 1쇄(64쇄) 발행 2025년 11월 5일

지은이 옥한흠

펴낸이 오정현
펴낸곳 국제제자훈련원
등록번호 제2013-000170호(2013년 9월 25일)
주소 서울시 서초구 효령로 68길 98(서초동)
전화 02)3489-4300   **팩스** 02)3489-4329
이메일 dmipress@sarang.org

ISBN 978-89-5731-006-9 03230

※ 책값은 뒤표지에 있습니다. 잘못된 책은 구입하신 곳에서 교환해 드립니다.

국제제자훈련원은 건강한 교회를 꿈꾸는 목회의 동반자로서 제자 삼는 사역을 중심으로
성경적 목회 모델을 제시함으로 세계 교회를 섬기는 전문 사역 기관입니다.